용기백배훈련소

COURAGE BOOSTER TRAINING

용기백배훈련소

KAIST 명상과학연구소 연구부교수
김은미 지음

목차 ─────────────────────────

프롤로그

"소처불삼루(小處不渗漏), 작은 일에도 최선을 다하라.

암중불기은(暗中不欺隱), 어두운 곳에서도 진정성 있게 행동하라.

말로불태황(末路不怠荒), 어려운 상황에서도 포기하지 말고 다시

시작하라."

프롤로그
당신을 위한 마지막 훈련소

　일과를 마치고 집으로 돌아가던 길, 당신의 마음속 깊은 곳에 숨겨져 있던 훈련소가 드디어 모습을 드러낸다. 당신은 오랫동안 그 존재를 알고 있었지만, 쉽게 발걸음을 옮기지 못했다. 망설임과 두려움이 당신을 붙잡고 있었기 때문이다. 그러나 이제는 다르다. 당신은 결심했다. 더 이상 미룰 수 없다. 조심스레 훈련소의 문을 열고 들어선다.

　이곳은 단순한 훈련소가 아니다. 수많은 사람들이 거쳐 갔지만, 오직 선택받은 자들만이 입소할 수 있는 '용기백배훈련소'다. 이곳에서의 훈련은 체력 단련이나 무술 수련에 그치지 않는다. 여기서 당신은 내면 깊숙이 자리 잡고 있는 두려움과 마주하고, 그것을 극복하는 법을 배우게 된다. 입소한 순간부터 당신은 자신 안에 있던 공포와 직면하게 될 것이다. 그리고 그 과정을 통해, 스스로가 생각하지 못했던 한계를 뛰어넘는 법을 터득하게 될 것이다.

훈련소의 문이 천천히 열리자, 당신을 포함한 신입 훈련생들이 하나둘씩 안으로 들어선다. 그들의 표정에는 결의와 긴장이 엿보인다. 각자는 자기 삶 속에서 무언가를 찾기 위해 이곳을 선택했다. 어떤 이는 일상에 쌓인 불만과 짜증을 해소하기 위해, 또 다른 이는 삶의 방향성을 찾기 위해, 혹은 과거의 실패에 발목이 잡힌 자신을 해방하기 위해 이곳을 찾았다. 여기에 온 이유는 각기 다를지라도, 이곳에서 그 모든 것을 새롭게 시작할 수 있다는 공통된 기대감이 훈련생의 마음을 사로잡고 있다.

　훈련소의 벽에는 오래된 문구가 선명하게 새겨져 있다.

　"소처불삼루(小處不滲漏), 작은 일에도 최선을 다하라.

　암중불기은(暗中不欺隱), 어두운 곳에서도 진정성 있게 행동하라.

　말로불태황(末路不怠荒), 어려운 상황에서도 포기하지 말고 다시 시작하라.

　그것이 진정한 영웅이다."

　이 문구는 이 훈련소의 본질을 꿰뚫어 본 누군가가 남긴 것이었다. 수백 년 동안 변함없이 자리 잡고 있는 이 글귀는, 이곳을 찾은 수많은 이들에게 도전의 의미를 일깨워 주었다. 그리고 이제, 이 문구가 당신에게 더 깊은 울림으로 다가온다. 이곳에 발을 들여놓은 순간, 당신은 이미 용기를 내어 첫걸음을 내디뎠기 때문이다.

여기에 오기까지의 과정이 절대 쉽지 않았음을 당신은 알고 있다. 그렇기에 이 문구는 단순한 훈련소의 구호로 느껴지지 않는다. 당신에게는 약속이다. 여기서 최선을 다하겠다는, 그리고 자기 내면과 정면으로 마주하겠다는 굳건한 다짐이 된다.

그 바로 아래, 또 다른 문구가 적힌 카드와 방명록이 놓여 있다.

"용기란 매일의 삶에서 한 발짝, 혹은 반 발짝 더 나아가는 작은 변화의 힘이다. 때로는 한 걸음 더 나아가는 작은 용기가, 큰 도약보다 더 큰 내면의 결단을 요구한다."

이 메시지는 지금의 당신에게 큰 의미를 지닌다. 이 훈련소에서 배우게 될 것은 거창한 무언가가 아니다. 하지만 그 한 걸음, 혹은 반걸음의 작은 변화가, 당신의 삶에 커다란 변화를 가져다줄 것이라는 믿음이다. 이 훈련소에서의 훈련이 그 변화의 힘을 끌어내고, 당신에게 진정한 용기를 심어줄 것이라는 확신이다.

또한, 방명록에는 "내 삶에서 방향성을 설정하는 데 도움을 준 이 훈련에 감사합니다."라는 메시지가 적힌 카드도 함께 놓여 있다. 이곳에서의 훈련이 삶의 방향성을 설정하고, 그 방향을 따라가는 데 필요한 내면의 용기를 키워주는 중요한 역할을 한다는 사실을 깨닫게 되었다.

이제, 이곳 <용기백배훈련소>의 문턱을 넘은 당신은 그 용기를 업그레이드할 준비가 되었다.

　여기서 나아가는 반 발짝은 단순한 움직임이 아니다. 그것은 당신의 결단, 그리고 변화를 향한 의지다. 용기란 거대한 도약이 아니라, 작은 한 걸음에서 시작된다. 그 작은 걸음이 당신의 인생을 바꾸고, 세상을 바꿀 힘이 될 것이다.

　이 훈련소에서의 여정은 이제 막 시작되었다. 지금, 이 순간 당신의 내면에서 일어나는 작은 변화가, 앞으로의 삶에서 가장 큰 변화를 일으킬 것이다. 이곳에서 그 용기를 발견하고, 스스로를 새롭게 만들어 가라. 세상을 바꿀 첫걸음은 바로 지금, 여기서 시작된다.

용기 첫걸음

'용기백배훈련소'에 입소하기로 결심한 아침, 나는 훈련소 앞에 섰다. 기대와 긴장이 뒤섞인 감정이 온몸을 감싸며 심장은 쉴 새 없이 뛰고 있었다. 문이 열리기를 기다리며, 이곳을 무사히 수료한 사람만이 진정한 용기를 가진 자들이라는 말이 머릿속을 맴돌았다. 그 생각이 나도 모르게 내 안에 숨겨져 있던 도전 정신을 자극했다.

이런 설렘을 마지막으로 느꼈던 때가 언제였는지 떠올려 봤다. 아마도 새해에 새로운 목표를 세웠을 때, 금연을 결심했을 때, 혹은 인생의 변화를 다짐했을 때였을 것이다. 그러나 그 결심이 오래가지 못하고 금세 무너졌던 기억이 불쑥 떠오르며, 자괴감이 밀려왔다. 작은 실패가 쌓이면서 삶의 방향을 잃었던 그 느낌도 고스란히 되살아났다.

'이번엔 정말 다를까? 이번에는 모든 것을 뒤로하고 진정한 변화를 끌어낼 수 있을까? 이 훈련소에서 진짜 용기를 찾을 수 있을까?'

◖◗ 훈련소 입소: 첫인상

마침내 무겁게 닫혀 있던 훈련소의 문이 천천히 열렸다. 나는 다른 신입 훈련생들과 함께 조심스레 발을 내디뎠다. 내부는 깔끔하고 차분한 분위기였지만, 묘한 긴장감이 온 공간을 채우고 있었다. 어깨에 힘이 조금씩 풀릴 무렵, 벽에 걸린 문구가 눈에 들어왔다.

그 문구는 이렇게 적혀 있었다.

"작은 일에도 최선을 다하라. 어두운 곳에서도 진정성 있게 행동하라. 어려운 상황에서도 포기하지 말고 다시 시작하라. 그것이 진정한 영웅이다."

오늘 아침, 훈련소에 오기 전에 했던 사소한 일들이 문득 떠올랐다. 침대는 정리했는지, 신발은 잘 정리했는지, 집을 나서던 내 마음가짐은 어땠는지 떠올려 보았다. 그 작은 일들에 최선을 다하고, 진정성 있게 행동하는 것이 결국 포기하지 않고 다시 시작하는 첫걸음이라는 깨달음이 찾아왔다.

들어보니, 이곳의 용기 강화 프로그램은 세 단계로 구성되어 있다고 했다. 특히 3일 동안 한 단계씩 진행할 수 있다는 말에 조금씩 자신감이 생겼다. '작심 3일'이라는 말이 머릿속을 스쳤지만, 과거에 결심했던 것들이 일주일 이상 지속되었던 경험을 떠올리며 자신감을 다잡았다. '3일만 이 프로그램을 해

보자', '3일만 버텨보자'라고 스스로 다짐하며 결심을 굳혔다.

어디선가 읽었던 '3일 동안 마음을 닦으면 천년의 보배가 된다.'는 구절도 떠올랐다. 3일만 해내면 나도 뭔가 달라질 수 있겠다는 생각이 들었다. 그 생각이 스며들자, 마음속에서 묘한 기대감이 피어오르며, 입가에 미소가 번졌다.

이 훈련소에서의 여정이 내 인생의 전환점이 될지도 모른다는 기대감이 점점 커졌다. 여기서 얻을 용기가 앞으로의 삶을 더욱 활기차고 생동감 있게 만들어 줄 것이라는 희망이 나를 채워갔다.

◗ 함께 걷는 길

첫 수업이 시작되기 전, 나는 훈련소에 모인 사람들을 둘러보았다. 각자 저마다의 이유로 이곳에 왔다는 것이 한눈에 보였다. 군 복무를 마치고 복학을 준비하며 아르바이트로 생활비를 모으는 사람도 있었고, 금연을 다시 결심한 사람도 눈에 띄었다.

게임 중독으로 인해 일에 지장을 받아 새로운 출발을 꿈꾸는 사람도 있었다. 불법 도박으로 자신과 가족에게 큰 피해를 줬던 젊은이, 취업 준비에 몰두하는 20대, 건강이나 재정 문제로 고민이 많은 사람들도 보였다. 어떤 이는 재활에 성공했지만, 다시 예전의 나쁜 상황으로 돌아갈까 봐 두려워하며 이곳을 찾았다고 했다.

이들은 모두 각자의 사연을 안고 이곳에 모였지만, 한 가지 공통점이 있었다. 모두가 자신을 뛰어넘고 더 나은 삶을 살기 위해 이곳에 온 것이다.

마음속에 쌓인 걱정, 짜증, 분노, 스트레스 같은 감정을 극복하고 싶어 하거나, 자신을 탓하며 변화를 갈망하는 사람들이었다. 용기 백 배의 삶을 꿈꾸며 이곳에 왔지만, 각자의 배경은 다 달랐다.

이렇게 다양한 사람들이 모인 훈련소에서, 이들이 내 여정에 어떤 영향을 줄지 궁금해졌다. 혼자서도 충분히 걸어갈 수 있다고 생각했지만, 이들과 함께 있으니 서로 경험을 나누고 배울 기회가 될 수도 있겠다는 생각이 들었다.

지금까지는 나만의 길을 생각해 왔지만, 이곳에서 다른 사람과 함께하는 것이 오히려 든든하게 느껴졌다. 나 혼자가 아니라는 안도감도 느껴졌다.

'나를 낳아준 사람은 부모지만, 나를 키워주는 사람은 친구다.'라는 말이 떠올랐다. 맞는 말이었다. 부모님이 나에게 생명을 주셨지만, 나는 부모님을 포함한 수많은 사람과의 관계 속에서 성장해 왔다.

이 훈련소에 모인 사람들도 어쩌면 함께 성장할 친구가 될 수 있겠다는 생각이 들었다. 내가 이들처럼 다른 사람을 성장시키는 역할을 할 수도 있을까? 경쟁자가 아니라, 함께 성장하는 동반자로 생각하니 마음이 한결 편해졌다.

그때, 옆을 지나가던 훈련생이 다가와 슬쩍 말했다.

"여기 <용기백배훈련소>는 카이스트 명상 수업을 기반으로 만들어졌다고 하더라고요."

이 말을 듣자, 귀가 쫑긋해졌다. 카이스트에서 명상 수업을 학점으로 들을 수 있다는 사실이 신기했다. 스포츠가 몸의 근육을 기르는 것처럼, 명상 수업은 마음의 근육을 단련하는 과정이라고 해서 체육학과의 스포츠 특강으로 개설되었다는 것이다.

마음을 훈련하고 마음의 근육을 키운다는 말에, 열심히 하면 마음도 근육질이 될 것 같다는 상상이 떠올랐다. 마치 뇌가 아령을 들고 운동하는 모습이 머릿속에 그려졌다.

'이 훈련을 끝내고 나면 나의 뇌와 마음에도 식스팩 같은 근육이 생길까?'라는 생각에 저절로 웃음이 나왔다. 옆에 있던 훈련생도 내 말을 듣고 웃으니, 갑자기 이 훈련소와 훈련생들이 더 친근하게 느껴졌다.

이곳에서 내 경험을 통해 용기를 얻고, 그 용기를 다른 사람과 나누고 싶다는 생각이 들었다. 함께 걷는 이 길에서 내 역할을 더 키우고 싶은 마음이 깊어졌다.

◖● 첫 수업: 용기의 본질

용기란 무엇인가?

훈련소에서의 첫 수업이 시작되었다. 교관은 수업의 중요성을 강조하며, 용기가 일상 속 작은 습관에서 비롯된다고 말했다. 그는 오늘 배우게 될 내용이 겉으로는 단순해 보일지 모르지만, 이곳에서 진행할 모든 훈련의 기초가 된다고 설명했다.

먼저, 교관은 청소와 공간 정리의 중요성에 관해 이야기했다. 청소는 단순히 공간을 깨끗하게 만드는 것만이 아니라, 그 과정에서 마음도 함께 정돈된다고 했다. 깨끗한 공간에서는 집중력이 높아지고, 마음의 혼란이 줄어들기 때문에, 공간 정리는 단순히 물리적인 정돈을 넘어 마음을 다스리는 과정이라는 것이다.

그는 특히 '몸이 있는 공간에 마음도 함께 있도록 하라.'고 말하며, 지금 이곳에 집중하는 연습이 핵심이라고 강조했다.

나는 교관의 설명을 들으며 이곳에 오기 전에 했던 일들을 떠올렸다. 훈련소에 오기로 결심한 후, 가장 먼저 했던 일이 책상을 정리하는 것이었다.

키보드를 컴퓨터 앞에 가지런히 놓고, 흩어져 있던 메모장을 정리하고, 한 번씩 먼지를 털어냈다. 교관의 설명을 들으니, 그 작업이 마치 예습이라도 한 것처럼 느껴졌다.

교관은 방에 있을 때는 방이라는 공간에, 길을 걸을 때는 그 길 위에 마음을 두라고 말했다. 공간에 집중하고, 그 안에서 만나는 물건들과 사람들에 주의를 기울이는 연습이 중요하다고 했다.

그는 지금, 이 순간에 몸이 있는 곳을 인식하는 것부터 시작해 보라고 제안하며, 앉아 있는 상태에서 몸의 어느 부위가 어디에 닿아 있는지 느껴보라고 했다.

나는 이곳 훈련소에서, 청소와 공간 정리에 관한 이야기를 들을 줄 미처 몰랐다. 그러나 교관의 설명을 듣고 보니, 청소가 마음과 주의를 정리하는 데 중요한 역할을 한다는 점이 무척이나 새롭게 다가왔다. 청소를 성공의 첫걸음으로 삼으라는 이야기는 많이 들었지만, 용기를 키우는 훈련에서까지 청소의 중요성이 강조될 줄은 몰랐다.

교관은 이어서, 우리가 어떤 행동을 주저하게 되는 이유는 종종 몸이 그대로 있는 상태에서 생각이 멀리 가기 때문이라고 설명했다. 과거의 경험이 신체 반응을 일으켜 행동을 주저하게 만들거나, 미래에 대한 걱정이 두려움을 불러일으키는 경우가 많다고 했다. 그래서 과거나 미래에 마음을 빼앗기지 않고 지금, 이 순간에 집중하는 연습이 필요하다고 말했다.

교관의 설명을 들으며, 청소하는 행위가 내 몸이 있는 공간을 안정적이고 안전하게 만드는 것과 비슷하다는 생각이 들었다. 그 과정이 이 순간에 집중하도록 도와주는 연습이 되고, 그것이 곧 용기의 시작이라는 생각이 스쳐 지나갔다.

이완 명상과 바디스캔

"지금 이 자리에서 몸과 마음이 가장 편안한 자세를 찾아보세요."

교관의 말을 듣는 순간, 나도 모르게 어깨에 힘이 툭 빠졌다. 미간에 있던 주름이 풀리고, 턱에 남아 있던 긴장도 사라졌다. 숨쉬기가 한결 편해진 것 같았다. 이 훈련소에 들어오면서 나도 모르게 긴장하고 있었던 것 같았다. 교관은 계속해서 말했다.

"몸이 편안해야 마음도 편안해지고, 마음이 편해야 두려움 없이 앞으로 나아갈 수 있습니다."

그러면서 예를 들어보겠다고 했다.

"지금 뒤를 돌아보세요. 이제, 당신의 뒤에 갑자기 뱀이 있다고 상상해 보세요. 몸에 소름이 돋지 않나요? 갑자기 놀라지 않나요? 이게 바로 '무섭다'는 느낌입니다."

모두가 교관의 말에 귀 기울이며 눈이 동그래진 상태에서 교관은 말을 이어 나갔다.

"이 상태가 되면 뇌의 가장 원초적인 부분, 이른바 '파충류의 뇌'가 반응하기 시작합니다. 이 뇌가 단순한 상상만으로도 반응해 심장 박동을 빠르게 하고, 땀이 나고, 침이 마르게 합니다. 이것이 바로 스트레스 반응의 첫 번째 단계입니다."

이 말을 듣고 나니 정말 심장 박동이 빨라지고, 이마에 땀이 차고 입이 마르는 듯했다.

"이런 상황이 되면 더 높은 기능을 담당하는 뇌, 즉 동기부여나 행동을 관장하는 부분이 제대로 작동하지 않게 됩니다. 마치 전기가 끊겨서 모든 시스템이 멈춰버리는 것처럼, 뇌도 그다음 단계로 나아가는 걸 멈춥니다."

교관은 다시 한번 뒤를 돌아보라고 했다. 이번엔 뱀이 없는 걸 확인하는 과정이라고 말했다. 뱀이 없다는 걸 확인한 후, 다시 자기 몸과 이 공간 전체로 주의를 돌려보라고 했다. 그리고 몸과 마음이 편안하고 안정된 상태인지 느껴보라고 했다.

이 상태로 돌아와야만 다음 단계로 나아갈 수 있다고 교관은 말했다.

그랬다. 이 훈련소의 첫 번째 준비 단계는 바로 '이완'이었다. 몸과 마음이 이완되면, 물이 잘 흐르고 전기가 잘 통하듯이 모든 것이 원활하게 작동하게 된다는 설명이었다. 그러한 상태로 회복하고 준비하는 것이 중요하다는 것을 알려준 훈련이었다.

이어서 교관은 바디스캔 훈련을 하겠다고 했다. 바디스캔은 몸과 마음을 깨끗하게 정리하고 기본 상태로 되돌리는 연습이었다. 마치 청소를 통해 공간을 정리하듯이, 바디스캔은 몸과 마음을 정돈하는 데 도움이 되는 훈련이었다.

마음 챙김 훈련 : 바디스캔 방법

1. 편안한 장소와 자세 찾기
- 편안한 곳에 누워 몸의 긴장을 풀어보세요. 다리를 쭉 뻗고, 손은 자연스럽게 몸 옆에 둡니다.
- 앉아 있다면, 몸의 힘을 빼고 손을 다리 위에 올려놓습니다.
- 눈은 감거나 뜨거나, 자신이 편한 대로 선택 하세요.

2. 호흡에 집중하기
- 몸에서 호흡이 잘 느껴지는 부위를 찾아보세요. 코 주변, 가슴, 배 등 어디든 상관없습니다.
- 코를 통해 공기가 들어오고 나가는 느낌, 배나 가슴이 움직이는 감각을 느껴보세요. 들숨과 날숨의 길이도 주의 깊게 관찰해 보세요.
- 만약 생각으로 주의가 흩어진다면, 다시 호흡으로 주의를 돌릴 수 있는지도 보세요.

3. 호흡과 바디스캔 연결하기

- 바디스캔 중에 몸의 감각이나 생각이 너무 강해져서 주의가 흐트러질 수 있습니다. 그럴 때는 잠시 멈추고 호흡에 집중하여 마음을 가라앉혀 보세요.
- 몸과 마음이 안정되면, 다시 바디스캔을 이어 가세요.

4. 하체부터 시작하기

- 이제 주의를 다리 쪽으로 옮깁니다.
- 발, 발목, 허벅지 등 다리 각 부위에서 느껴지는 감각에 집중하세요. 발이 바닥에 닿는 느낌, 다리의 무게감, 따뜻함이나 차가움을 그대로 받아들이세요.
- 발가락, 발등, 발목 등 각 부위에 집중하며 그곳에서 일어나는 모든 감각을 있는 그대로 느껴 보세요.

5. 다리 전체로 확장하기

- 주의를 다리 전체로 넓혀보세요.
- 골반에서 허벅지, 무릎, 발목, 발끝까지 다리 전체를 하나로 느껴보세요. 각 부위가 바닥이나 공기와 닿는 느낌을 주의 깊게 살펴 보세요.

6. 골반과 허리로 이동하기

- 주의를 골반과 허리로 옮깁니다.
- 아랫배, 엉덩이, 꼬리뼈 등의 감각에 집중하세요. 이 부분에서 느껴지는 편안함이나 불편함, 혹은 아무런 감각이 없더라도 그대로 받아들이세요.
- 허리 부분으로 주의를 옮기고, 소화기관에서 느껴지는 감각을 느껴 보세요.

7. 상체와 어깨로 확장하기

- 이제 주의를 상체로 옮깁니다. 가슴, 등, 견갑골 등에서 느껴지는 감각에 집중하세요.
- 왼쪽과 오른쪽의 느낌이 같은지 다른지도 느껴 보세요.
- 어깨와 팔로 주의를 옮기고, 팔뚝, 팔꿈치, 손가락까지 각 부위를 스캔해 보세요.

8. 목과 얼굴로 이동하기

- 주의를 목과 얼굴로 옮깁니다.
- 목, 머리, 얼굴의 각 부위를 하나씩 스캔하며 감각을 느껴 보세요. 얼굴 근육, 턱, 입술, 눈 주변의 감각도 주의 깊게 살펴 보세요.
- 머리 전체와 얼굴을 하나로 느끼며, 그곳에서 일어나는 감각을 알아차리세요.

9. 몸 전체를 스캔하기

- 이제 주의를 몸 전체로 확장합니다.
- 몸이 바닥에 닿는 느낌, 호흡에 따라 몸의 감각이 어떻게 변하는지 주의 깊게 관찰해 보세요.
- 주의가 흐트러진다면, 다시 호흡으로 돌아와 현재의 순간에 집중해 보세요.

10. 마무리

- 바디스캔을 마무리하며, 이 시간을 자신에게 선물한 것에 대해 사랑과 감사의 마음을 느껴보세요.
- 손바닥을 마주 비벼 따뜻하게 한 후, 그 손을 눈 위에 올려 놓고 눈으로 전달되는 따뜻함을 느껴보세요.

과학이 밝힌 용기와 두려움

바디스캔으로 몸과 마음을 이완한 후, 교관은 우리에게 질문을 던졌다.

"당신은 용기 있는 사람인가요?"

이 질문에 쉽게 답하기 어려웠다. 뭐라고 대답할지 몰라 머뭇거리게 되었다. 교관이 왜 갑자기 이런 철학적인 질문을 던지는지 의구심이 드는 순간, 이 훈련소에서 진짜로 용기를 얻어갈 수 있을지 걱정이 들었다. 하지만 교관은 마치 내 마음을 꿰뚫어 본 듯, 다음과 같이 말했다.

"지금 당신이 이 질문에 대해 고민하는 그 자체가 이미 용기를 발휘하고 있는 것입니다."

이 말을 듣고 나니 흥미가 생겼다. 우리는 흔히 용기를 행동으로만 생각하지만, 교관은 용기가 단지 행동에 국한되지 않고, 다른 사람의 말을 듣고, 비판적으로 사고하며, 그 사고를 바탕으로 방향을 설정하는 과정도 용기의 일부라고 설명했다. 그리고 이 모든 것이 뇌의 기능과 깊이 연관되어 있다고 덧붙였다.

용기 훈련에서 뇌에 관한 이야기가 나오자 너무나 흥미로워졌다. 과학적인 설명이 더해지니 훈련이 더욱 체계적으로 느껴졌다. 백여 년 전만 해도 인류는 뇌의 역할에 대해 거의 몰랐고, 오늘날에도 뇌의 많은 부분이 여전히 미지의 영역에 남아 있다는 점은 잘 알려져 있다.

뇌가 두려움, 용기, 감정, 기억과 밀접하게 관련되어 있다는 사실은 이미 알고 있었지만, 교관은 이 주제를 더욱 깊이 있게 다루고 있었다. 그는 우리의 모든 행동, 생각, 말이 결국 뇌의 활동과 연결되어 있다는 점을 강조했다.

교관은 뇌를 해부학적으로 세 부분으로 나눌 수 있다고 말했다. 그러나 교관은 뇌 기능 설명에 3중뇌 구조 이론만을 적용하는 것은 지나치게 단순화된 설명이라는 점을 먼저 지적했다. 인간의 뇌는 실제로는 매우 복잡하게 얽혀 있으며, 여러 부분이 동시에 여러 기능을 수행한다는 것이었다.

그럼에도 불구하고, 교관은 일상에서 쉽게 이해하고 적용할 수 있도록 3중뇌 이론을 기반으로 두려움을 설명해 나갈 것이라고 말했다.

교관은 주먹을 쥔 손을 이용해 뇌의 전체 구조를 함께 이해해 보자고 말했다. 뇌는 머리카락과 두개골 속에 단단히 보호된 중요한 신체 부분임과 동시에 구조와 기능이 매우 복잡하지만, 손 모양을 활용하면 쉽게 이해할 수 있다는 것이다.

교관은 엄지손가락을 손바닥에 대고 나머지 손가락을 오므려 보라고 했다. 이렇게 주먹 쥔 손 전체가 뇌를 상징한다고 생각하고, 손목 쪽이 뇌간에 해당한다고 말해주었다. 실제로

그를 따라 손 모양을 만들어 보니 생소하게만 느껴졌던 뇌의 구조가 조금씩 이해되는 것만 같았다.

"뇌간은 척수와 연결된 부분으로, 가장 원초적이고 기본적인 생명 유지 기능을 담당합니다. 뇌간은 심장 박동, 호흡, 혈압 조절 등 생명 유지에 필요한 기본적인 기능을 관리하는데, 생명이 위협받는 상황에서는 뇌간이 즉각적으로 반응합니다.

이를 흔히 '투쟁-도피-얼음 반응'이라고 부릅니다. 아까 뒤를 돌아보며 뱀이 있다고 상상해 보라고 했을 때, 심장 박동이 빨라지고, 혈압이 올라가며, 긴장감이 올라가는 느낌이 들었을 것입니다. 바로 그 신체 반응이 뇌간과 관련된 반응입니다. 우리 훈련 과정에서는 '파충류의 뇌'라고 지칭할 것입니다."

그 말을 들으며, 뱀이 실제로 있지 않았음에도 상상만으로도 그런 신체 반응이 일어났던 이유에 대해 깨달을 수 있었다.

'내 뇌간이 제대로 기능하고 있구나. 위험한 상황에서 나를 지켜줄 수 있는 뇌간이 잘 작동하고 있다는 점이 참 고맙다.'는 생각까지 들었다.

교관은 계속해서 설명을 이어갔다. 두려움과 관련된 뇌의 두 번째 부분은 '변연계'라고 했다. 주먹을 쥔 손에서 엄지가 손바닥에 닿아 있는 위치가 바로 변연계에 해당한다고 설명했다.

엄지를 편도체와 해마로 생각해 보면, 이 부분은 감정, 기억 등을 담당하며, 특히 두려움과 관련된 감정 반응에 중요한 역할을 한다고 했다.

변연계는 원숭이의 뇌와 유사하며, 집단생활을 하는 동물은 대부분 변연계가 발달해 있다고 말했다. '포유류의 뇌'라고 부르기도 하는데 집단의 규칙을 이해하고 소통하며, 야생에서 살아남기 위해 협력하는데 중요한 부분이라는 설명도 덧붙였다.

교관의 설명이 계속되면서 말이 점점 길어지자 살짝 졸음이 밀려왔다. 옆에 있는 다른 훈련생들을 살펴보니, 그들도 나와 비슷한지 하품하거나 눈을 감고 엎드려 있는 이들이 있었다. 그때 교관이 다시 말을 이어갔다.

"지금까지 설명을 들으면서 혹시 자신의 반응뿐 아니라 옆에 있는 다른 훈련생의 반응이 어떤지 궁금하지 않았나요?"

교관의 말이 마치 내 생각을 꿰뚫어 본 것 같아 무심코 목덜미를 긁적였다. 교관은 이렇게 말했다.

"방금 당신의 변연계가 활동한 것입니다. 자신의 반응과 집단에서의 다른 사람의 반응을 관찰하고 소통하는 과정이 바로 변연계의 역할입니다."

그제야 변연계의 역할이 이해되기 시작했다. '이것이 바로 변연계의 기능이구나!'라는 생각이 매우 쉽고 명료하게 이해되었다. 교관은 변연계 중에서도 편도체와 '편도체 납치'라는 개념을 기억하라고 했다.

편도체 납치란, 과거의 경험이나 트라우마로 인해 편도체가 제 기능을 하지 못하고, 마치 납치당한 것처럼 반응하는 상태를 의미한다고 설명했다. 앞으로 이 편도체와 편도체 납치에 관한 이야기가 자주 언급될 것이라는 말도 덧붙였다.

교관은 주먹을 쥔 상태에서 엄지를 제외한 나머지 손가락이 대뇌피질을 나타낸다고 생각해 보라고 했다. 이 부분이 바로 인간만이 할 수 있는 논리적 추론, 계획, 의사결정, 그리고 고차원적인 사고를 담당한다고 했다. 흔히 뇌 그림에서 보게 되는 주름진 부분이 바로 대뇌피질인데, 이 덕분에 우리 인간이 논리적으로 생각할 수 있는 것이었다.

그리고 이 대뇌피질은 두려움과도 깊이 관련되어 있다고 덧붙였다. 나는 이 부분에서 눈이 번쩍 커졌다. 뇌간과 변연계에서 올라오는 두려움 반응을 대뇌피질이 인지하고, 그 상황이 실제로 위험한지 아닌지를 판단하는 역할을 한다고 했다. 이 판단을 바탕으로 행동을 선택하고, 두려움을 줄이기 위한 계획을 세우는 것도 대뇌피질의 역할이라고 했다.

아까 교관이 '당신은 용기 있는 사람인가?'라는 질문을 던졌을 때, 왜 그런 질문을 했는지, 이 훈련소에서 정말로 용기를 키울 수 있는 것인지에 대한 두려움과 의구심이 들어왔을 때, 그 질문에 대한 실체적 판단과 계획을 세우는 것은 바로 대뇌피질의 역할이었다.

'내가 용기 있는 사람인가?'라는 질문에 내 뇌는 반응했었다는 사실을 알게 되었다. 그리고 그 반응에 따라 대뇌피질에 주름이 하나 더 생긴 것 같은 오묘한 기분이 들며 다음 훈련이 기대되기 시작했다.

살짝 흥분된 내 기분을 가라앉혀 주듯이, 교관은 이론 수업은 여기까지 하고, 진짜 실전인 '3단계 용기 강화 프로그램' 훈련으로 들어가겠다고 말했다. "준비됐습니까!"라는 교관의 우렁찬 물음에, 훈련생들이 한목소리로 답했다.

"네, 준비되었습니다!"

용기 강화 프로그램

드디어 용기 강화 프로그램이 시작되었다. 용기 강화실에 들어서자, 교관이 우리를 기다리고 있었다. 그는 침착하고도 단호한 목소리로 말했다.

"용기 강화 프로그램에 오신 걸 환영합니다. 여기까지 오신 것만으로도 이미 첫 번째 두려움을 극복하신 겁니다. 이 훈련소에 입소하는 것 자체가 큰 결심이죠. 그 결심을 실행한 여러분, 축하합니다."

교관은 잠시 말을 멈추고 우리를 둘러보았다. 그 시선에 진심이 담겨 있었다.

"이 프로그램은 세 가지 단계로 구성되어 있습니다. 첫 번째 단계는 두려움과 직면하기입니다. 여러분의 머릿속에 가장 먼저 떠오르는 두려움은 무엇인가요? 그것이 바로 첫걸음을 내디딜 대상입니다.

두 번째 단계는 두려움과의 관계를 재정립하는 과정입니다. 여기서 여러분은 두려움뿐만 아니라 자신, 그리고 주변 사람과의 관계도 다시 설정하게 될 겁니다.

마지막 단계는 자신의 방향성을 설정하는 것입니다. 이 단계를 무사히 지나면 두려움을 이해하고 받아들이면서, 진정한 용기를 키워나가게 될 겁니다."

교관의 설명을 듣는 동안, 나는 나도 모르게 내 안에서 자리 잡고 있던 두려움을 떠올렸다. 지금까지 두려움을 무조건 피하거나 무시했지만, 이곳에서는 그것을 정면으로 마주하라니… 이 말을 듣는 것만으로 가슴이 뛰는 느낌이 들었다. 그리고 가둬두었던 도전 정신이 다시 불타오르는 것을 느낄 수 있었다.

"이제 첫 번째 단계, 두려움과 직면하기를 시작하겠습니다."

☽ 1단계: 두려움과 직면하기

교관은 우리의 반응을 기다리는 듯 잠시 멈추었다가 다시 말을 이어갔다.

"사람들은 두려움을 본능적으로 피하려 합니다. 이건 인간의 기본 반응이에요. 여러분의 뇌가 두려움 앞에서 어떻게 반응하는지 이해하는 것이 첫 번째 단계입니다. 우리가 논리적으로 생각하기 전에, 뇌는 이미 두려움에 반응하고 있죠. 특히 뇌의 깊은 곳에 있는 뇌간과 편도체가 먼저 반응합니다."

교관의 설명에 나는 고개를 끄덕였다. 그동안 나는 두려움을 애써 피하거나 외면해왔다. 그럴 때면 가슴이 답답해지거나, 두려운 상황이 생길 때마다 몸이 경직되곤 했다. 그런데 교관은 그것이 자연스러운 반응이라고 했다. 내 몸이 두려움에 반응하는 과정은 어쩌면 당연한 일이라는 생각에 조금은 안도감이 들었다.

"하지만 여러분, 두려움을 직면할 때는 우선, 지금 내 몸과 마음이 어떤 상태에 있는지를 정확히 알아차리는 것이 중요합니다. 즉, 현재 상태를 진단하고 주의력을 집중하는 것이 첫 단계입니다."

현재 상태 진단과 주의 집중

교관은 자기 몸과 마음이 지금 어떤 상태에 있는지를 파악하는 것이 매우 중요하다고 말했다.

"지금, 이 순간 여러분의 몸이 어떻게 반응하고 있는지 알아차려 보세요. 가슴이 두근거리고 있나요? 목이나 어깨가 긴장되고 있지는 않은가요?

이 모든 반응을 억누르지 말고, 있는 그대로 관찰하세요. 그리고 그 두려움이 어디에서 오는지 주의 깊게 살펴보세요."

교관의 말을 듣고, 나는 다시 내 몸에 집중해 보았다. 몸의 여러 부위가 긴장되어 있음을 느꼈다. 특히, 가슴 부근의 답답한 감정이 떠올랐고, 그 감정이 어디서 오는지 궁금해졌다. 교관은 이어서 설명을 덧붙였다.

"편안한 장소, 안전한 공간에서 몸이 완전히 이완되었을 때, 떠오르는 감정은 여러분이 그 감정을 다룰 수 있다는 자신감의 표현이기도 합니다.

이는 단순히 신체적인 긴장을 푸는 것을 넘어, 마음속 깊이 자리 잡은 두려움과 그로 인해 발생하는 감정을 더 잘 이해하고 알아차릴 수 있게 도와줍니다."

교관의 설명을 들으며, 나는 이완된 상태에서 오히려 숨겨왔던 감정이 표면으로 올라오는 느낌을 받았다. 그 감정이 나를 억누르는 것이 아니라, 내가 그것을 직면하고 있다는 사실이 새롭게 다가왔다.

"여러분이 이완된 상태에서 떠오르는 감정은 뇌의 변연계가 평온한 상태에서 해마에 저장된 기억들을 서서히 풀어내기 때문입니다. 이 과정을 통해 과거의 기억을 마주하도록 초대받는 셈이죠. 여러분이 지금 용기 강화실이라는 안전한 공간에서 과거의 기억을 관찰하고 마주하게 된다면, 그 두려움이 두려움 없이 여러분 앞에 나타날 수 있습니다."

교관의 말을 듣고 나니, 이전에 두려워하던 기억들이 이제는 나를 억누르지 않는다는 생각이 들었다. 이 훈련이 나를 더 단단하게 만들어 준다는 확신이 조금씩 생기기 시작했다.

두려움에 이름 붙이기

교관은 잠시 침묵을 유지하다가 다시 말했다.

"여러분이 가진 두려움은 다양한 형태로 나타날 수 있습니다. 무서운 상황에 대한 즉각적인 반응일 수도 있고, 실패에 대한 두려움, 타인의 평가에 대한 불안, 또는 미래에 대한 불확실성에서 오는 걱정일 수도 있습니다. 이 두려움은 우리 일상에서 무의식적으로 행동을 제약하거나 중요한 결정을 내릴 때 발목을 잡죠."

교관의 설명이 이어지자, 나는 과거의 순간들이 떠올랐다. 시험에서 실수했던 기억, 타인의 평가가 두려워서 하고 싶은 말을 삼켰던 순간들이 선명하게 떠올랐다. 무의식적으로 나는 입술을 깨물고, 그때처럼 하고 싶은 말을 억누르려는 듯 입을 다물었다. 교관은 계속해서 설명했다.

"두려움을 느끼는 건 결코 여러분만의 문제가 아닙니다. 많은 사람들이 직장에서 실수하거나 실패할까 봐 두려워하고, 경제적 불안 속에서 직업의 안정성에 대해 걱정하죠. 재정적 안정이 부족할까 봐 불안해하고, 미래가 불확실하다고 느낄 때, 그 두려움은 더욱 커집니다."

교관의 말이 내 마음을 꿰뚫는 듯했다. 직장에서의 불안과 미래에 대한 막연한 걱정으로 가득 찼던 내 모습이 그려졌다. 그동안 나는 두려움에 대해 명확하게 직면한 적이 없다는 것을 깨달았다. 그저 불안함에 휘둘리며 하루하루를 넘기기만 했던 것이었다.

"사람들은 은퇴 후의 삶이나 건강 문제, 사회적 위치에 대한 불안을 안고 있습니다. 또는 자신이 가고 있는 길이 맞는지, 삶의 의미를 제대로 찾았는지에 대한 두려움도 있을 겁니다. 이러한 고민이 자연스럽게 두려움으로 이어지기 마련이죠."

교관의 설명에 나는 고개를 끄덕였다. 내가 안고 있던 두려움이 조금씩 명확해지기 시작했다. 두려움은 그저 막연한 감정이 아니라, 실제로 내가 처한 현실과 얽혀 있다는 것을 실감했다. 교관은 이어서 말했다.

"우리는 현재 안정된 상태에서 새로운 도전을 할 때, 실패할까 봐 두려워합니다. 그 두려움 때문에 주저하고, 용기를 잃죠. 그래서 우리는 먼저 자신의 두려움을 구체적으로 파악해야 합니다. 그것에 이름을 붙이는 것이 첫걸음입니다."

두려움에 이름을 붙이라는 말이 다소 생소하게 들렸지만, 그 말이 정확히 무슨 의미인지 궁금해졌다. 교관은 구체적으로 두려움을 인식하는 것이 첫 번째 단계라고 설명했다. 두려움을 모호하게 놔두는 것이 아니라, 그 두려움을 명확히 정의하고 이름을 붙이는 과정이 필요하다는 설명이었다.

교관은 잠시 말을 멈추고, 두려움에 이름을 붙이기 전에 먼저 이완 상태를 만들자고 제안했다.

"지금, 이 순간 가장 편안한 자세를 찾아보세요. 몸과 마음이 안전하다고 느낄 수 있는 장소를 상상해 보세요. 그곳이 책상 앞이든, 소파든 상관없습니다. 용기 강화실이라고 이름 붙인 이 공간을 마음속에 그리며, 그곳에서 이 순간 몸의 감각에 주의를 집중해 보세요."

나는 잠시 눈을 감고, 전에 해봤던 바디스캔을 떠올렸다. 그때는 긴장으로 온몸이 굳어 있던 상태였는데, 바디스캔을 하면서 차츰 긴장이 풀리고, 마음도 진정되었던 기억이 떠올랐다.

교관은 이어서 '박스 호흡'이라는 훈련 기법을 소개했다. 그는 천천히 숨을 내쉬고, 멈춘 뒤, 숨을 들이쉬고 다시 멈추는 과정을 세 차례 반복하라고 설명했다. 그는 박스 호흡을 통해 마음속에 네모난 상자를 그리며 그 호흡의 흐름에 따라 마음을 가라앉히라고 말했다.

"박스 호흡을 할 때, 네모난 박스 모양을 상상해 보세요. 숨을 내쉴 때 상자의 한 변을 그리고, 잠시 멈출 때는 그다음 변을 그립니다. 숨을 들이마실 때는 세 번째 변을 그리고, 다시 멈출 때 마지막 변을 그려 박스를 완성합니다. 이 박스를 세 번 반복하며, 마음이 차분해지는 것을 느껴보세요."

나는 숨을 깊게 내쉬고, 잠시 멈추었다가 들이마시는 동안 마음속에 박스 모양을 그리기 시작했다. 처음에는 어색했지만, 호흡에 집중하면서 점점 마음이 가라앉는 걸 느꼈다. 숨을 내쉬고 멈추는 타이밍에 맞춰 그려진 박스가 점점 더 선명해 졌다.

0. 편안한 장소에서 긴장이 풀리는 자세를 찾으세요.

1. 숨을 내쉬기: 4초 동안 천천히 숨을 내쉽니다.

2. 숨을 참기: 4초 동안 숨을 멈추고 참습니다.

3. 숨을 들이마시기: 4초 동안 천천히 코로 숨을 들이마십니다.

4. 숨을 멈추기: 4초 동안 호흡을 멈추고 유지합니다.

이 과정을 몇 번 반복합니다. 박스 호흡이 방법을 통해 자신의 상태가 안정되었는지, 긴장이 풀렸는지, 집중력이 높아졌는지 스스로 체크해 보세요.

몇 번의 반복 후, 마음속에 그린 박스가 온전히 완성되었을 때, 내 마음속의 불안도 조금씩 사라졌다. 교관은 호흡을 마친 후, 다시 우리에게 말했다.

"이제 두려움이라는 단어를 떠올리면서 자연스럽게 떠오르는 기억이나 감정에 이름을 붙여보세요. 두려움을 구체화하는 것이 중요합니다."

교관의 말이 끝나자, 생각지도 못했던 기억이 떠올랐다.

'거절당하는 것에 대한 두려움'이라는 감정이었다. 한 번도 그 두려움에 대해 깊이 생각해 본 적이 없었는데, 이 두려움이 내 삶에 큰 영향을 미쳐왔다는 사실이 선명하게 떠올랐다. '거절당하는 것에 대한 두려움이라니, 이게 정말 내가 가진 두려움인가?' 순간 혼란스러웠다. 그러나 그 감정이 분명하게 떠오르는 것을 느꼈다. 내가 고개를 들자, 교관이 나를 바라보며 미소를 지었다.

"지금 떠오른 두려움에 이름을 붙이셨나요?"

교관의 물음에 나는 고개를 끄덕였다.

"어쩌면 그 두려움을 이미 알고 있었을 겁니다. 아니면 그 두려움에 이름을 붙이는 것조차 두려워했을 수도 있죠. 중요한 건, 이제 그 두려움에 이름을 붙였다는 겁니다. 이름을 붙인 두려움은 이제 막연한 존재가 아니라, 구체적으로 직면하고 통제할 수 있는 대상이 된 겁니다."

나는 '거절당하는 것에 대한 두려움'이라고 마음속으로 중얼거렸다. 그리고 그 두려움을 조심스럽게 노트에 적어 내려갔다. 그 두려움에 이름을 붙이니, 이제 그 감정이 더 이상 나를 무작정 괴롭히는 것이 아니라, 내가 다루고 마주할 수 있는 실체가 되었다는 생각이 들었다.

두려움에 이름 붙이기

매일 조깅을 하면 다리 근육이 튼튼해지고, 팔굽혀펴기를 꾸준히 하면 팔 근육이 단단해진다는 건 누구나 아는 사실이다. 꾸준한 운동은 체력을 키우고, 처음에는 버거웠던 동작들도 점점 수월해진다. 하지만, 운동을 멈추면 어떻게 될까? 근육은 서서히 줄어들고, 체력도 금세 떨어진다. 교관은 그런 원리와 비슷하게, 우리가 오늘 해야 할 일이 바로 '두려움의 힘줄'을 약화시키는 것이라고 말했다.

'두려움에도 힘줄이 있다고?' 나는 속으로 중얼거렸다. 그 말이 어딘가 이상하게 들렸다. 하지만 교관은 미소를 지으며 이렇게 설명했다.

"생각해 보세요. 두려움에 사로잡힌 순간, 마치 두려움이 뻑뻑한 힘줄처럼 당신을 꽉 붙잡고 있지 않나요? 거절당할까 두려워서 말도 꺼내지 못하고 몸이 굳었던 그때를 떠올려 보세요. 그 두려움이 당신의 행동을 제한하는 힘줄과 같은 역할을 하는 거죠."

그 말을 듣고 나니 조금씩 이해가 되기 시작했다. 두려움이란 게 단순한 감정이 아니라, 마치 몸에 힘줄이 있듯, 내 행동을 구속하고 제한하는 일종의 '밧줄'처럼 느껴졌다. 교관은 계속해서 설명했다.

"그 두려움의 힘줄이 아주 단단해진다면 어떻게 될까요? 우리의 사고와 행동을 담당하는 근력은 약해지게 됩니다. 마치 시소처럼, 두려움이 커질수록 우리의 판단력과 행동력이 약해지는 것이죠."

나는 순간 몇 년 전의 기억이 떠올랐다. 그때 나는 거절당할까 봐 아무 말도 못 하고, 몸까지 떨리던 경험이 있었다. 그 기억이 교관의 설명과 겹치며 지금 내 안에서도 똑같은 반응이 일어나고 있음을 느꼈다. 교관은 내 표정을 읽었는지, 고개를 끄덕이며 말을 이어갔다.

"그래서 중요한 건, 그 두려움을 억누르거나 피하려 하지 말고, 그 감정이 어떻게 당신의 몸과 마음에 영향을 미치는지 관찰하는 겁니다. 우리는 이제 그 실전으로 들어갈 겁니다."

나는 긴장된 마음으로 숨을 깊이 들이마셨다. 교관은 두려움을 관찰하는 첫 번째 방법으로 호흡을 체크하는 것을 제시했다.

"두려운 상황에서 가장 먼저 변하는 건 호흡입니다. 뱀을 본다고 상상해 보세요. 숨이 멈추고, 심장이 빨리 뛰며, 손에 땀이 나기 시작할 겁니다. 이런 몸의 반응이 바로 두려움이 어떻게 작동하는지 보여주는 신호입니다."

교관의 설명이 마치 나를 향해 있는 것 같아 살짝 부끄러웠다. 나는 지금 내 몸의 반응이 두려움을 반영하고 있다는 사실을 실감했다.

"지금 나타나는 변화를 억누르지 마세요. 그대로 받아들이고, 관찰하세요. 몸과 마음의 반응이 어떻게 변하는지, 그 변화를 놓치지 말고 살펴보는 겁니다."

나는 교관의 말을 따라, 그동안 거절당할까 두려워서 하지 못했던 말들과 행동을 떠올렸다. 과거의 그 순간들이 생생하게 떠오르며, 동시에 그때 느꼈던 답답함과 긴장감도 함께 떠올랐다. 분명히 해야 할 말을 하지 못했던 순간, 그리고 그때 느꼈던 답답함. 정말로 무언가가 나를 꽉 조여왔던 것처럼 느껴졌었다. 지금 용기 강화실에 앉아 있는데도 그때의 감정과 몸의 반응이 다시 느껴지는구나, 라는 생각이 들었다.

이 생각도 잠시였다. 두려움의 경험을 친구에게 터놓고 얘기하고, 맛있는 음식을 먹으면서 그 감정이 서서히 사라졌던 기억이 이어서 떠올랐다. 그리고 지금 용기 강화실에서 교관 앞에서 몸의 긴장이 서서히 풀리는 것도 느꼈다. '이게 교관이 말하는 변화인가?' 나는 속으로 되물었다.

교관의 말이 점점 이해되기 시작했다.

"두려움의 힘줄이 두꺼워지면, 우리가 진정 원하는 결정을 내리거나 행동하는 데 필요한 용기, 즉 '용기 근육'은 약해집니다." 교관은 이것을 편도체 납치 상황이라고 말하며, 마치 시소를 그리듯 손을 위아래로 움직였다. "두려움이 커지면, 용기는 작아지죠."

나는 다시금 그 '편도체 납치'라는 말을 떠올렸다. 교관이 말했던 것처럼, 두려움이 커질 때면 나는 더 이상 논리적으로 생각할 수 없었다. 그저 그 순간에 갇혀버린 느낌이었으니까.

교관은 마지막으로 작은 실천 과제를 내주었다.

"가장 작은 두려움의 예시를 한 번 써보세요. 그리고 그 두려움을 마주하는 작은 도전부터 시작해 보세요."

나는 생각에 잠겼다. '거절당하는 것에 대한 두려움'이 떠올랐다. 나도 모르게 두려워했던 건, 내가 먼저 다가가거나 호의를 베풀었을 때 상대가 거절할까 봐 주저했던 순간이었다. 하지만 교관의 말을 되새기며, 거절당할 수도 있다는 사실을 받아들이고 그럼에도 불구하고 행동해 보는 것이야말로 진정한 용기의 시작이라는 걸 깨달았다.

나는 지하철에서 자리를 양보하는 것처럼 단순한 행동이라도 상대가 거절할지 모른다는 생각이 들어 멈칫한 적이 많았다. 하지만 이제는 그 두려움이 나를 멈추게 하지 않도록 해야 한다는 사실을 깨우쳤다. 상대가 거절하더라도 그건 나의 문제가 아니니까. 중요한 것은 내가 행동했다는 사실이다. 그 자체로도 나는 한발 더 나아가는 용기를 발휘한 셈이니까.

그렇다. 중요한 건 거절당하더라도 행동에 옮기는 것이다. 상대의 반응이 어떻든, 내가 내린 결정과 행동은 나의 용기를 키워주는 작은 도전임을 이제야 알게 되었다.

위기 대응과 스트레스 관리

오늘은 정말 긴장되는 순간이었다. 평소에는 말도 꺼내지 못할 만큼 소심한 내가, 지하철에서 자리를 양보하다니. 다른 사람은 아무렇지도 않은 일이라 여길 수 있지만, 나에게는 엄청난 도전이었다.

지하철에 앉아 있던 나는 계속해서 고민했다. '저 사람에게 자리를 양보해야 할까? 아니면 그냥 앉아 있을까?' 심장이 두근거리고 손바닥에 땀이 맺히기 시작했다. 내 안에서 한 가지 목소리는 '말하지 마, 괜히 이상한 사람처럼 보일 거야. 게다가 거절하면 얼마나 창피하겠어!'라고 속삭였고, 다른 한쪽은 '그래, 용기 내자. 이번엔 꼭!'이라는 목소리가 들렸다.

그 순간, 나는 결심했다. 용기 강화 1단계에서 배운 것처럼 두려움을 직면하고, 아주 작은 행동이라도 도전해 보기로 마음먹었다. 그리고 천천히 고개를 들고 옆에 서 있던 사람을 향해 말했다.

"여기 앉으세요." 목소리가 떨렸고, 가슴은 여전히 쿵쾅거렸지만, 내 말이 끝나기 무섭게 그 사람이 미소를 지으며 자리에 앉았다. 그 미소가 내 마음속 얼음을 녹이는 것 같았다. 내 안에 있던 두려움도 그 순간 함께 사라지는 듯했다.

지하철이 다음 역에 도착할 때쯤, 나는 자리에 앉은 사람의 고맙다는 미소를 다시 떠올리며 마음속으로 미소 지었다. 작은 행동이었지만, 나에게는 너무도 큰 성취였다. 내 안의 두려움을 이겨내고, 그 결과로 받은 따뜻한 보상이 내 마음을 가득 채웠다. 이 모든 것이 용기 강화 1단계의 과제 덕분이었다.

돌아온 수업 시간에 교관이 물었다.

"여러분, 오늘 과제를 잘 수행하셨나요?"

나는 그 말을 듣고 속으로 뿌듯함을 느꼈다. 내가 스스로 설정한 작은 도전을 무사히 해냈으니 당연히 잘한 것 같았다. 교관이 이어서 물었다. "그 도전을 하면서 스트레스를 느끼진 않았나요?"

갑작스러운 질문에 나는 고개를 끄덕였다. 자리를 양보하려던 순간, 손이 떨리고 얼굴이 붉어졌던 기억이 다시 떠올랐다. 분명히 작은 도전이었지만 그 순간의 긴장감은 꽤 컸던 것 같다.

교관은 미소를 지으며 말했다. "여러분이 그 작은 도전을 해낸 것만으로도 정말 대단합니다. 그런데 여러분이 그 과정에서 느꼈던 스트레스는 '유스트레스'라고 불리는 긍정적인 스트레스입니다."

그 말을 듣고 순간 멍해졌다. 긍정적인 스트레스? 유스트레스라니…처음 들어보는 생소한 말이었다. 교관은 계속해서 설명했다.

"여러분이 오늘 경험한 이 작은 도전은 두려움을 줄이는 첫걸음입니다. 이처럼 안전한 공간에서 한 번의 성공을 경험하면, 우리의 뇌는 이를 기억하고 긍정적인 자극으로 받아들입니다."

교관의 말을 들으니, 지하철에서 평소보다 더 편안함을 느꼈던 순간이 떠올랐다. 그때는 몰랐지만, 돌이켜보니 작지만 매우 중요한 자신감을 얻은 것 같았다. 교관이 말한 '안전한 공간에서 시뮬레이션'의 의미가 그제야 와닿았다.

"혹시 오늘의 도전을 완전히 실행하지 못했더라도 걱정하지 마세요. 시도하려고 결심한 것만으로도 1단계는 성공입니다. 우리의 뇌는 생각과 행동이 밀접하게 연결되어 있어서, 머릿속으로라도 시뮬레이션하면 뇌의 연결성이 조금씩 변화합니다. 즉, 실행하지 않았더라도 이미 두려움은 줄어들었고, 용기는 조금씩 강화된 것입니다."

교관의 말에 안도감이 들었다. 혹시 오늘 시도를 못 했다면 아쉬웠겠지만, 그 결심만으로도 충분히 용기가 길러지고 있다는 말이 위안이 되었다.

그때 교관이 박스 호흡에 대해 다시 언급했다. 이번에는 박스 호흡에서 더 나아가 자연스러운 호흡의 리듬을 관찰하자고 했다. "여러분, 작은 스트레스 상황에서 숨이 어떻게 변하는지 느껴본 적 있나요?"

그 질문에 지하철에서 자리를 양보할 때 숨이 빨라졌던 기억이 떠올랐다. 나는 고개를 끄덕이며 교관의 설명에 집중했다.

"박스 호흡을 통해 호흡을 조절하는 법을 배웠죠. 이제는 날숨과 들숨의 길이를 알아차려 보세요. 스트레스 상황에서 호흡이 어떻게 변하는지, 그리고 호흡이 감정과 어떻게 연결되어 있는지를 관찰하는 것은 매우 중요한 훈련입니다."

교관의 말에 고개를 끄덕였다. 숨이 감정과 연결되어 있다는 사실이 새롭게 다가왔다. 교관은 계속해서 말했다.

"이 방법은 두려운 상황에서 편도체가 과도하게 반응하지 않도록 도와줍니다. 다시 말해, 호흡을 통해 편도체 납치를 막을 수 있습니다. 이 훈련을 통해 여러분은 점점 두려움에서 벗어나고, 그 자리에 용기를 채워나갈 수 있습니다."

교관의 말을 들으니, 마음이 한결 가벼워졌다. 나는 다시 한번 박스 호흡을 천천히 해보았다. 날숨과 들숨의 리듬에 집중하자, 긴장이 풀리면서 차분한 느낌이 들었다. 교관이 말한 대로 호흡을 통해 내 감정과 몸을 조절할 수 있을 것 같았다.

0. 편안한 장소에서 긴장이 풀리는 자세를 찾으세요.

1. 숨을 내쉬기:

천천히 숨을 내쉬면서 공기가 코나 입을 통해 나가는 느낌, 가슴과 배가 수축하는 느낌을 알아차립니다. 숨을 내쉴 때는 입으로 뱉어도 좋습니다.

2. 숨을 들이마시기:

천천히 코로 숨을 들이마시면서 공기가 코를 통해 들어오는 느낌, 가슴과 배가 팽창하는 느낌을 알아차립니다.

3. 날숨과 들숨 사이클 세기:

내쉬고 들이마시는 호흡 사이클을 하나로 세어 줍니다. 이 과정을 집중하며 10회 반복합니다.

4. 날숨과 들숨의 리듬 느끼기:

조금 익숙해지면 날숨과 들숨의 리듬을 느끼면서 호흡의 자연스러운 흐름에 집중합니다.

호흡을 알아차리는 동안 자신이 얼마나 편안해졌는지, 집중력이 높아졌는지, 그리고 마음이 안정되었는지 스스로 체크해 보세요.

　교관과 함께 호흡 사이클을 관찰하기 시작했다. 이번에는 그저 숨을 들이쉬고 내쉬는 행위에만 집중하는 것이 아니라, 호흡할 때 내 몸이 어떻게 변하는지 하나하나 세심하게 살펴보는 과정이었다. 처음에는 조금 낯설었지만, 곧 내 몸 안에서 일어나는 변화를 천천히 느끼기 시작했다.

　들이쉬는 순간, 늑골의 가운데 부분이 밖으로 나가며 가슴이 천천히 올라갔다. 동시에 등 쪽이 부풀어 오르면서 척추 주변의 근육들이 미세하게 당겨지는 느낌이 들었다. 그때, 귀 옆에서는 심장 박동 소리가 작게 들려왔다. 호흡과 심장 박동이 서로 다른 리듬으로 움직이는 것을 알아차리는 순간, 내 몸의 리듬이 조금 더 선명하게 다가왔다.

호흡을 이어가면서 온몸이 점차 이완되며 확장되어 퍼지는 느낌이 들었다. 특히 가만히 두었던 손과 손 사이의 거리가 더 멀어진 듯한 느낌이 들었다. 마치 손끝이 조금씩 늘어나는 것처럼. 쇄골 쪽에서는 목 바로 아랫부분이 간지럽게 느껴졌고, 숨을 들이마실 때 쇄골을 덮고 있는 피부가 살짝 당겨 올라갔다가, 내쉴 때 다시 원래대로 돌아가는 것이 확연히 느껴졌다.

내 몸이 이렇게 세세하게 움직이는 것을 관찰하는 건 처음이었다. 그동안 아무 생각 없이 했던 호흡이 이렇게 섬세한 변화를 만들어 낸다는 것이 놀라웠다. 교관의 지시대로 차분히 몸에 집중하니, 내가 내 몸을 더 깊이 이해하고 있다는 자신감이 생겼다. 작은 움직임 하나하나가 의미 있어 보였고, 그 덕분에 내가 호흡을 통해 몸과 마음을 더 잘 조율하고 있다는 느낌이 들었다.

◖ 2단계: 관계 재정립

교관이 용기 강화실에 들어서며 우리에게 물었다. "1단계는 잘 마무리했나요?"

훈련생들 대부분이 고개를 끄덕였다. 다들 안도의 표정을 지었지만, 그중 몇몇은 여전히 두려움을 제대로 알아차렸는지 확신하지 못하는 눈치였다. 사실 나도 비슷했다. 지하철에서 자리를 양보했던 경험이, 직장 상사 앞에서 말 한마디 꺼내지 못했던 두려움과 어떻게 연결되는지 잘 모르겠다는 생각이 계속 들었다. '이게 진짜 도움이 될까?' 하는 의문이 다시 내 안에 피어올랐다.

교관은 우리가 궁금해할 걸 미리 짐작한 듯 말했다. "이제 2단계로 넘어갑니다. 2단계는 '관계 재정립'입니다. 두려움과의 관계뿐만 아니라, 여러분 자신과 주변 사람과의 관계도 다시 정의하는 과정이죠."

그는 두려움이 단순히 무서움과는 다르다고 설명했다.

"두려움은 무서움 이상의 감정입니다. 무서움이 본능적인 반응이라면, 두려움은 불안과 걱정 같은 더 복잡한 감정으로 이어집니다. 여기서 중요한 것은, 이런 감정이 뇌의 변연계, 특히 편도체와 깊이 연결되어 있다는 점이죠."

교관이 잠시 멈춰 서더니 덧붙였다.

"편도체가 '납치'되면, 인간적인 뇌의 대뇌피질 중에서 이성을 담당하는 전두엽이 제대로 작동하지 않게 됩니다. 그러면 여러분은 '이건 위험해', '이건 너무 힘들어', '이건 내 생존을 위협해'라는 무의식적인 반응을 하게 됩니다. 그 순간, 심장이 뛰고, 손발이 떨리거나 땀이 나는 신체적 반응을 경험했을 겁니다."

교관의 설명을 듣자, 지하철에서 자리 양보를 하던 순간이 다시 떠올랐다. 손이 떨리고 얼굴이 붉어졌던 그 순간. '아, 그게 바로 이런 반응이었구나.' 나는 순간 깨달음이 왔다.

"이런 반응은 도망칠 준비를 하라는 신호일 수도 있습니다." 교관이 말을 이었다.

"때로는 싸우려 하거나, 그 자리에서 얼어붙는 반응을 보일 수도 있죠. 여러분 중 누군가는 뱀이나 거미를 봤을 때 그런 경험을 한 적 있을 겁니다. 그 상황에서 여러분은 어떻게 반응하나요?"

내가 떠올린 건 도망치려 했던 기억이었다. 나는 전형적으로 피하려는 타입이었다. 그러나 상사 앞에서는 도망도 못 치고 말도 하지 못한 채 얼어붙었던 적이 많았다. 교관의 말대로 나는 때에 따라 달리 반응하곤 했던 것이다.

교관은 이어서 말했다.

"우리가 어떤 대상 앞에서 생리적 반응을 경험하고, 그것이 위험 신호로 받아들여지면 감정적으로 걱정이 생깁니다. 이런 과정이 반복되면서 두려움이 커집니다. 하지만 두려움은 우리를 위험으로부터 보호하려는 본능적인 감정입니다. 두려움은 때로 우리에게 도움이 되는 중요한 신호이기도 하죠."

순간 나는 조금 어리둥절해졌다. '두려움이 나를 도와준다고?'

그동안 두려움은 항상 짜증, 불안, 창피함, 그리고 억울함 같은 부정적인 감정들과만 연결되어 있다고 생각해 왔다. 두려움이 나를 도와준다는 생각은 상상조차 하지 못했다.

하지만 교관의 설명을 들으며, 내 생각이 조금씩 바뀌고 있음을 느꼈다. 불편하기도 했지만 흥미롭다는 느낌도 교차했다.

관계와 위기의 이해

"관계와 위기를 이해하는 것은 용기 강화 프로그램에서 매우 중요합니다. 여러분의 두려움은 종종 사람과의 관계에서 비롯되기 때문이죠."

나는 교관의 말을 곰곰이 생각했다. 사람들과의 갈등, 불확실성, 오해 같은 것들이 나를 두렵게 했던 순간들이 떠올랐다. 교관은 계속해서 설명했다.

"인간관계에서 생겨나는 감정은 두려움의 중요한 원인이 됩니다. 이를 극복하려면, 먼저 여러분이 맺고 있는 관계를 다시 돌아보고, 그 관계가 여러분에게 어떤 영향을 미치는지 인식

해야 합니다.”

교관의 말이 내 머릿속에 자리 잡자마자, 가족, 친구, 학교 동창, 직장 동료까지 다양한 사람들이 머리를 스치고 지나갔다. 그들과의 관계 속에서 내가 느꼈던 감정이 떠오르기 시작했다.

“관계를 정리해 보는 것은 두려움의 원인을 명확하게 파악하는 데 큰 도움이 됩니다. 여러분이 맺고 있는 다양한 관계를 분석하면, 어떤 관계가 여러분에게 긍정적인 영향을 미치고, 어떤 관계가 스트레스나 두려움을 유발하는지 알 수 있죠.”

나는 이 말을 들으며 다행스럽게도 가족과의 시간이 대부분 편안하게 느껴졌던 순간들을 떠올렸다. 교관이 말한 대로, 스트레스를 주는 사람들도 분명히 있었다. 만나고 나면 에너지가 소진되는 듯한 사람들, 그중에는 늘 자신의 이야기만 하고, 내가 말할 때는 흥미를 잃고 딴 곳을 바라보던 사람도 있었다. 그 관계를 끝내지 못했던 이유는 두려움 때문이었다.

교관은 계속해서 말했다.

“관계를 정리하다 보면, 불필요한 스트레스를 주는 관계를 재검토할 수 있습니다. 필요하다면, 더 긍정적인 관계를 만들거나 새롭게 관계를 형성할 수 있죠.”

그 말을 듣고 나는 그동안 맺어온 관계를 돌아보게 되었다. 왜 그토록 지치게 만드는 관계를 계속 유지하려고 했는지 궁금해졌다. 두려움 때문이었을까? 이제야 비로소 조금씩 이해되기 시작했다.

"이제 관계를 시각적으로 정리해 보겠습니다. 관계 맵을 그려보세요."

그는 깨끗한 종이와 색색의 필기도구를 준비하라고 했다. 나는 마치 초등학생이 된 듯한 기분으로 하얀 종이와 색깔이 다른 볼펜을 준비했다. 교관은 설명을 이어갔다.

"관계 맵을 작성하면 여러분이 맺고 있는 사람들과의 관계를 한눈에 볼 수 있습니다. 어떤 관계가 긍정적이고, 어떤 관계가 부정적인지, 또 위기 상황에서 누가 여러분에게 도움이 될지 미리 파악할 수 있죠."

나는 종이를 바라보며 마음을 가다듬었다. 박스 호흡을 몇 번 하고 나니, 차분해진 느낌이 들었다. 이제 호흡 사이클을 자연스럽게 관찰할 수 있게 된 나 자신을 보며 작은 자신감이 생겼다.

"먼저, 여러분 자신을 하나의 도형으로 표현해 보세요. 동그라미, 네모, 세모 등 편하게 선택할 수 있습니다. 그리고 자신의 현재 상태를 가장 잘 나타내는 색깔을 사용하세요."

나는 녹색을 선택했다. 안정된 기분을 표현하기에 적절하다고 생각했다. 그리고 녹색 삼각형을 그려 그 안에 '나'라고 적었다.

"이제 주변 사람들을 추가해 보세요. 가족, 친구, 직장 동료, 상사, 선후배 등 여러분에게 중요한 사람들을 각각 다른 도형과 색깔로 표현해 보세요."

나는 가족을 녹색 동그라미로 그렸고, 그들을 내 삼각형 가까이에 배치했다. 친구들과 직장 동료들, 선후배들도 각각 다른 색깔과 도형으로 표시했다. 그들과의 관계가 얼마나 가까운지를 선의 굵기로 표현했다. 교관은 이렇게 덧붙였다.

"표시한 사람들과의 관계에서 느끼는 감정을 색깔로 표현해 보세요. 긍정적인 감정을 주는 관계는 녹색, 스트레스를 유발하는 관계는 빨간색으로 표시하거나, 본인이 원하는 색을 선택해도 좋습니다."

나는 스트레스를 주는 관계를 빨간색으로 그렸고, 내 가까이에 위치한 사람들은 진한 녹색으로 표현했다. 교관은 다시 말했다.

"이제 이 관계들을 선으로 연결한 뒤, 간단한 메모를 남겨 보세요. '나를 지지하는 사람', '나와 갈등이 있는 사람', '나와 경쟁하는 사람' 등을 적어볼 수 있습니다."

나는 종이를 내려다보며, 관계 맵을 완성했다.

가족, 친구, 직장 동료 들과의 관계가 선명하게 눈에 들어왔다. 누가 나를 지지하고, 누가 나와 갈등을 빚고 있는지 명확해졌다. 그리고 그 관계들 속에서 내가 어떤 감정을 느꼈는지도 이제 훨씬 더 분명하게 보이기 시작했다.

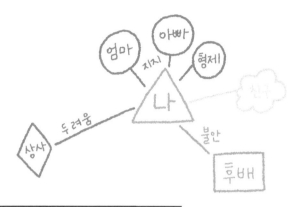

0. 먼저 편안한 장소에서 긴장이 풀리는 자세를 찾으세요.

1. 중심에 자신 두기: 빈 종이의 중앙에 자신을 나타내는 도형을 그리고, 그 안에 '나'라고 씁니다.

2. 관계 추가하기: 가족, 친구, 직장 동료 등을 각기 다른 도형으로 그리고, 그 안에 해당 사람들의 이름을 씁니다. 자신과 가까운 사람은 중심 도형에 가깝게, 먼 사람은 중심 도형에서 멀게 배치합니다.

3. 긍정적, 부정적, 중립적 관계 표시: 당신과 다른 사람의 관계를 생각해 보고 선의 종류나 색깔로 표시합니다. 관계가 두터우면 선을 두껍게 그리거나, 긍정적이면 녹색, 스트레스를 주는 관계이면 빨간색 등으로 표시해 봅니다.

4. 위기 상황에서의 관계 변화 메모: 이 관계가 위기 상황에서 어떻게 변화할 수 있을지 간단히 메모해 봅니다. 위기의 순간에 당신을 지지할지, 두려움이나 불안을 느낄지, 이 관계를 개선할 필요가 있는지를 써봅니다.

두 가지 용기: 수용할 수 있는 용기, 변화하려는 용기

"용기백배훈련소에 오신 여러분, 아마도 이곳에 온 이유는 각기 다를 겁니다."

교관의 말에 나는 무심코 고개를 끄덕였다. 군대에서 힘든 일을 도맡았던 기억과, 직장에서 상사에게 할 말을 제대로 못 하면서 야근을 반복하는 내 모습이 떠올랐다. 뭔가 바뀌었으면 좋겠다는 생각이 절로 들었다.

"용기로 가득한 삶을 살게 되면 여러분은 에너지가 넘쳐흐르고, 매 순간이 흥미로울 겁니다." 교관의 목소리는 차분했지만, 그 안에 강한 확신이 담겨 있었다.

"그러기 위해선 여러분의 관계를 다시 한번 돌아볼 필요가 있습니다."

관계를 재정립한다는 게 무슨 의미일까?

나는 잠시 생각에 잠겼다. '만나는 사람을 바꾸는 걸까? 아니면 내가 그들에게 뭔가를 해야 하는 걸까? 하지만, 내가 그런 말을 할 수 있을까?' 수많은 생각들이 머릿속을 휘젓고 있었다. 교관은 우리 얼굴을 잠시 훑어보더니 계속 설명을 이어갔다.

"이전에 여러분은 관계 맵을 그리면서 자신과 주변 사람들의 관계를 파악했습니다. 그 속에서 자신을 지지하는 사람, 그렇지 않은 사람, 그리고 여러분을 불안하게 만드는 사람들을 구분했죠. 이제 그 관계 속에서 무엇을 바꿀 수 있고, 무엇을 바꿀 수 없는지를 알아보는 시간을 가질 겁니다."

바꿀 수 없는 것과 바꿀 수 있는 것? 나는 의아한 표정으로 교관을 바라보았다.

"예를 들어, 가족의 성격이나 유전자 같은 것들은 우리가 바꾸고 싶어도 쉽게 바뀌지 않습니다. 그런 것들에 집착하다 보면 오히려 더 큰 갈등을 낳고, 실망감에 빠질 수도 있죠." 교관은 잠시 말을 멈추고 우리에게 시선을 돌렸다. "이럴 때는 그들을 있는 그대로 수용하고 받아들이는 것이야말로 진정한 용기입니다."

나는 교관의 말을 곱씹었다. 용기란 변화를 만들어 내는 힘이라고만 생각했었는데, 받아들이는 것도 용기라니. 생각해 보니 일리 있는 말이었다. 가족을 바꾸려고 애쓰며 느꼈던 피로감이 떠올랐다. 그들이 쉽게 바뀔 리 없었는데, 나는 왜 그렇게 '그들이 달라졌으면…'하면서 집착했을까?

"중요한 건 바꿀 수 없는 것에 집착하지 않는 겁니다. 받아들이고 나면, 비로소 마음의 평화를 얻을 수 있습니다. 그리고 그 관계도 안정적으로 이어질 수 있게 되죠." 교관의 말이 조금씩 이해되기 시작했다. 하지만 여기서 끝이 아니었다. 교관은 계속해서 설명했다.

"하지만 여러분이 바꿀 수 있는 것들도 있습니다. 예를 들어, 친구와의 오해를 풀기 위해 대화법을 바꾸거나, 직장에서 상사와의 관계를 긍정적으로 만들기 위해 노력하는 것처럼 말이죠.

물론, 이런 변화는 절대 쉽지 않습니다. 상사에게 무언가를 말하려 할 때 여러분의 몸이 경직되고, 싸움이나 도망을 준비하듯 긴장했던 적이 있었을 겁니다. 본능적인 반응입니다."

'그래, 나도 그랬지.' 나는 고개를 끄덕였다. 직장에서 할 말을 못 하고 입을 꾹 다물었던 수많은 순간들이 떠올랐다. 몸이 먼저 반응했었다는 것을 이제야 깨달았다. 교관의 말이 이어졌다.

"그럼에도 불구하고 우리는 두려움에 이름을 붙였고, 작은 도전을 하면서 그것을 극복해 냈습니다. 그때의 성취감을 기억하실 겁니다."

나도 모르게 떠오르는 기억, 지하철에서 자리를 양보했을 때 느꼈던 뿌듯함, 상대방이 미소 지어주던 순간, 그때의 성취감이 얼마나 컸던지 다시 한번 내 가슴이 따뜻해졌다. 작은 변화도 큰 의미를 가진다는 걸 몸소 느꼈다.

"변화라고 해서 거창한 것만 생각할 필요는 없습니다." 교관은 내 생각을 읽기라도 한 듯 덧붙였다. "작은 도전을 하려 할 때 심장이 빠르게 뛰던 순간, 호흡에 주의를 돌려서 박스 호흡으로 긴장을 풀었던 경험을 기억해 보세요. 이것도 하나의 용기입니다. 용기는 거창한 행동이 아니라, 작은 변화에서 시작될 수 있습니다."

그 말을 듣는 순간, 나는 깨달았다.

'아, 내가 생각했던 것만큼 거대한 용기가 필요하지는 않구나. 그저 조금이라도 용기를 내어봐도 되는구나.' 교관은 마지막으로 이렇게 말했다.

"이러한 작은 변화가 결국 큰 용기의 시작이 됩니다. 그 작은 변화들이 쌓이고 쌓여, 마침내 여러분의 뇌는 새로운 길을 내며 더 큰 변화를 이루게 되죠. 마치 피트니스 센터에서 아령을 들어 근육을 키우는 것처럼, 한 번의 도전이 여러분을 더 강하게 만들 겁니다."

나는 그 말을 곱씹으며, 마음속에서 작은 불씨가 피어오르는 것을 느꼈다. 아령을 들어 올리는 작은 동작처럼, 나도 작은 도전부터 시작할 수 있을 거라는 희망이 피어올랐다.

그동안 막연히 거대한 변화만을 생각했던 내가 어쩌면 너무 많은 부담을 안고 있었는지도 모른다는 생각이 들었다. 하지만 교관이 말한 것처럼, 작은 변화를 쌓아가면 언젠가는 그게 나의 새로운 길이 될 수 있다는 걸 이제야 이해할 수 있었다. 큰 도약이 아니라, 작은 한 걸음부터. 그게 나의 시작이 될 수 있겠다는 생각이 드니 마음이 편해졌다.

작은 도전부터 시작하라는 교관의 마지막 말이 가슴 깊숙이 와닿았다. 나는 마음속으로 다시 한번 다짐했다.

'그래, 한 번 해봤으니 두 번도 할 수 있다. 그리고 두 번이

쌓이면 세 번, 네 번, 그때는 나도 모르게 더 큰 용기를 낼 수 있겠지.'

그렇게 작은 변화가 모여 언젠가는 내 인생을 바꿀 수 있다는 믿음이 마음속에 자리잡았다. 그렇게 나에게도 나도 해낼 수 있다는 믿음과 두려움이 더는 나를 묶어두지 못할 것이라는 확신이 쌓여가고 있었다.

마음 챙김 훈련 : 바꿀 수 있는 것과 바꿀 수 없는 것 구분하기

0. 먼저 편안한 장소에서 긴장이 풀리는 자세를 찾으세요. 이후 관계 맵을 다시 살펴 보세요.

1. 바꿀 수 없는 것 식별하기

자신을 중심으로 각 관계에서 바꿀 수 없는 부분을 찾아보세요. 예를 들어, 사람의 성격이나 과거의 경험, 이미 형성된 고정관념 등에 특별한 표시를 해주세요.

2. 바꿀 수 있는 것 식별하기

각 관계에서 바꿀 수 있는 부분을 찾아보세요. 예를 들어 당신의 대화 방식, 태도, 접근법 등 작은 노력으로 변화시킬 수 있는 부분들을 따로 표시해 둡니다.

3. 수용과 변화의 용기 기르기

바꿀 수 없는 부분에 대해서는 수용하는 용기를, 바꿀 수 있는 부분에 대해서는 변화하려는 시도를 해보려는 마음가짐을 준비하세요.

4. 작은 계획 세우기

구분한 내용을 바탕으로 실행할 계획을 세워보세요. 매우 작은 계획이어도 좋습니다. 이를 통해 점진적으로 관계를 개선해 나갈 수 있습니다.

관점 전환과 관계 재정립

"지금까지 우리가 맺고 있는 관계를 깊이 들여다봤습니다. 이제 관점을 바꾸고, 관계를 재정립하는 단계로 넘어가 보겠습니다."

'관점을 바꾼다고?' 그 말이 궁금하다는 생각이 들자마자 교관은 이어서 설명했다.

"관점 전환이란 현재 상황이나 관계를 바라보는 방식을 바꾸는 것입니다. 예를 들어, 직장에서 상사와의 관계가 어렵다고 느낄 때, 그 관계에서 바꿀 수 없는 부분은 받아들이고, 바꿀 수 있는 부분에서 어떤 변화를 시도할 수 있는지를 고민하는 게 중요합니다."

그 말을 들으면서 문득 상사의 얼굴이 떠올랐다.

그가 나를 보며 지시할 때의 차가운 말투와 눈빛이 생각났다. 단지 그 사람의 존재만으로도 나를 움츠러들게 했던 기억이 스쳤다. '그 관계에서 내가 바꿀 수 있는 것이 있을까?' 교관은 내 생각을 읽은 듯 이어서 말했다.

"우리는 이미 관계 맵을 통해 바꿀 수 없는 것과 바꿀 수 있는 것을 구분해 보았습니다. 이제 상사와의 관계에서 어떤 부분을 받아들이고, 또 어떤 변화를 시도할 수 있을지 생각해 봅시다. 그리고 이를 통해 관점을 바꾸는 방법을 연습해 볼 겁니다."

교관의 말이 조금씩 이해되기 시작했다. 그와의 관계에서 내가 변화를 시도할 수 있는 것이 '정말 있을까?'라는 의심은 여전히 들었지만, 나는 분명 그와의 관계에서 외면이 아닌 해결점을 찾고자 하는 의지가 있었다. 교관은 다시 설명을 이어갔다.

"관계 맺기가 어렵다고 느끼는 사람과도 공통점을 찾아내는 연습을 해야 합니다. 우리 모두 대한민국에서 같은 시대를 살아가고 있으며, 생로병사라는 공통된 운명을 공유하고 있죠. 우리는 일상에서 비슷한 고민을 하고, 비슷한 사회적 규범을 따릅니다."

차이점이 아니라 공통점이라니? 그동안 나는 그 상사와의 차이점만 생각했었다. 그의 지위, 성격, 나와는 너무도 다른 재산과 위치… 그 모든 것이 나를 위축시켰다.

교관은 미국의 유명 앵커, 래리 킹의 이야기를 들려주었다.

"래리 킹은 전 세계 대통령, 유명 인사뿐만 아니라 사형을 앞둔 죄수처럼 대화하기 어려운 사람들까지 인터뷰했던 유명한 앵커였습니다. 그는 '올바른 태도만 있다면 이 세상에 말을 건넬 수 없는 사람은 없다'고 했습니다."

교관의 설명이 끝나자, 나는 문득 지하철에서 낯선 사람에게조차 말을 거는 게 두려웠던 기억이 떠올랐다. 상사와 눈을 마주치며 인사하는 것도 버거웠는데, 이 공통점 찾기가 내게 과연 도움이 될까? 하는 의구심이 또다시 내 마음을 헤집었다. 그때 교관이 말했다.

"오늘은 벤다이어그램을 그리며 연습해 봅시다. 수학 시간에 배웠던 집합도 기억하시죠?"

교관이 설명을 이어갔다. 두 개의 원을 겹치게 그려보라고 했다. 하나에는 나를, 다른 하나에는 내가 두려워하는 사람 −직장 상사− 의 이름을 적었다. 겹치지 않는 부분에는 각자의 특성을 적고, 겹치는 부분에는 공통점을 적으라는 지시가 이어졌다.

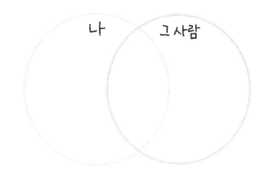

처음에는 당연히 차이점만 가득 떠올랐다. 상사의 차가운 말투, 꼿꼿한 자세, 모든 걸 완벽하게 해내는 사람이라는 특징이 머릿속을 채웠다.

'내가 그 사람과 뭐가 비슷할 수 있지?'

생각만 해도 속이 답답했다. 그러나 교관의 말대로 공통점을 생각하기 시작하면서, 조금씩 다른 생각이 들기 시작했다.

'그래도 그 사람도 아침마다 출근하는 게 힘들겠지. 어쩌면 같은 프로젝트의 스트레스 속에서 우리 모두 힘들어하고 있을지 모른다.'라는 생각에 이어, '가족 문제로 고민할 수도 있겠지, 직장 일로 지칠 때도 있을 거고.' 같은 이런저런 생각들이 떠오르기 시작하면서, '나만 이렇게 힘든 게 아니구나.' 하는 깨달음이 밀려왔다. 상사 역시 일상에서 고된 시간을 보내고 있을 수 있다는 생각이 스쳤다. 그때 교관이 물었다.

"두 개의 벤다이어그램에서 차이점과 공통점을 비교해 보세요. 차이점이 더 많은가요? 아니면 공통점이 더 많은가요?" 훈련생들 사이에서 웅성거림이 일었다.

"생각보다 공통점이 많지 않나요?" 교관의 말이 이어졌다.

"우리가 차이점에만 집중하다 보면 상대방과의 관계가 어렵게 느껴집니다. 그러나 공통점을 찾으면 그 관계를 새로운 시각으로 볼 수 있죠."

나는 벤다이어그램을 바라보며 잠시 생각에 잠겼다. 공통점이 눈에 들어왔다. 상사도 나처럼 출근길 지하철의 복잡함을 겪고, 직장에서의 압박감에 시달리고 있을 거라는 생각이 들었다. '그도 사람이고, 나와 같은 상황을 겪고 있구나.' 그런 깨달음이 찾아오니, 그와의 관계가 조금은 덜 부담스럽게 느껴졌다. 교관은 말을 이어갔다.

"관계가 어려운 사람과도 공통점을 발견하는 것이 긍정적인 관계를 맺는 첫걸음입니다. 여러분이 더 나은 삶을 살고 싶어

할 때, 그 사람도 마찬가지일 겁니다. 여러분이 아프고 힘들 때, 상대방도 비슷한 상황에 부닥쳤을 수 있어요. 정치, 경제, 사회적인 상황 속에서 겪는 경험들도 사실 공통점일 수 있죠."

교관의 말이 점점 더 의미 있게 들려왔다. '그 사람도 나처럼 힘든 점이 많겠지.' 차이점에만 집중하던 내 생각이 서서히 바뀌었다. 관계가 어렵다고 느껴지던 상사조차 나와 비슷한 사람일 수 있다는 생각이 들었다.

"이제 여러분은 이 세상 누구에게나 말을 건넬 수 있는 올바른 태도를 기르는 방법을 연습할 준비가 되었습니다."

교관의 마지막 말에, 나는 더 이상 마음속에 그리던 장벽이 무겁게 느껴지지 않았다. 생각의 전환만으로도 그 장벽이 낮아진 듯했다. '그래, 나도 한번 시도해 보자.'라는 마음이 들기 시작했다.

마음 챙김 훈련 : 벤다이어그램 그리기

0. 먼저 편안한 장소에서 긴장이 풀리는 자세를 찾으세요. 당신이 그렸던 관계 맵에서 관계 맺기 어려웠던 사람을 선택하세요.

1. **두 개의 원 그리고 자신의 이름과 상대방의 이름 적기**: 두 개의 원을 겹치도록 그리고, 첫 번째 원 안에 자신의 이름을, 두 번째 원 안에 상대방의 이름을 적습니다.

2. **차이점 적기**: 겹치지 않는 원의 부분에는 자신과 상대방의 차이점을 적습니다. 예를 들어, 성격, 위치, 역할 등에서의 차이점을 기록합니다.

3. **공통점 찾기**: 두 원이 겹치는 부분에 당신과 그 사람의 공통점을 적어봅니다. 예를 들어, 같은 팀에서 일하거나 비슷한 취미를 공유하는 것, 비슷한 고민을 가지고 있는 것 등을 생각해 보세요.

4. **공통점과 차이점 비교하기**: 벤다이어그램을 완성한 후, 공통점과 차이점을 비교해 보세요. 이 과정을 통해, 당신이 관계를 맺기 두려워했던 사람이 사실은 당신과 많은 공통점을 가지고 있음을 발견할 수 있습니다.

자기 친절과 셀프 컴패션

"관계를 맺기 어렵거나 두려움을 느끼는 사람이나 상황을 떠올려 보세요."

교관의 목소리가 용기 강화실에 울렸다. 나는 곧바로 직장 상사의 얼굴이 떠올랐다. 저절로 손에 힘이 들어가고 몸이 긴장됐다. '또 그 사람이구나.' 이 상황을 벗어나고 싶지만, 생각처럼 쉽지 않았다. 교관은 말을 이어갔다.

"용기 강화 프로그램 2단계를 마무리할 즈음에 우리는 종종 아주 도전적인 상황에 직면하게 됩니다. 왜냐하면, 우리의 뇌는 기본적으로 타인과의 차이점이나 관계에서의 어려움에 더 집중하기 때문이죠."

'맞아, 나도 그랬어.' 나는 고개를 끄덕였다. 상사와의 차이점, 그리고 그와의 대화에서 내가 느꼈던 위축감이 머릿속을 가득 채웠다.

"이런 상황에서," 교관이 계속했다. "자신을 비난하기 쉽습니다. '나는 왜 이 사람과 잘 지내지 못할까?' 혹은 '이렇게 쉬운 것도 못 하는 내가 문제야'라는 생각이 들 수 있죠. 여러분 중에도 그런 자책을 한 적이 있을 겁니다."

그 말에 나는 갑자기 속이 찌릿했다. '그래, 나도 자주 그랬어.' 평소 작은 실수나 인간관계의 실패를 내 탓으로 돌리며 스스로를 몰아세우곤 했던 내 모습이 떠올랐다.

"바로 그럴 때," 교관이 힘을 주어 말했다. "필요한 것이 자기 친절입니다."

교관은 자기 친절에 대해 설명하기 시작했다.

"자기 친절이란, 자기 자신을 따뜻하게 대하고 이해하며, 자신에게 친절하게 행동하는 겁니다. 실수하거나 어려움을 겪을 때, 스스로를 비난하는 대신에, 마치 소중한 친구에게 하듯이 자신에게도 위로의 말을 건네는 거죠."

'나에게 친절하게 대하라?' 나는 이 말이 생소하게 들렸다. 나는 늘 자신에게 엄격했고, 실수할 때마다 그 책임을 지는 사람은 나라고 생각했었다. 나를 격려하는 대신, '왜 난 이것밖에 안 되지?'라고, 자책하며 스스로를 몰아붙이는 것이 익숙했다. 교관의 목소리가 다시 들렸다.

"예를 들어, '나는 왜 이렇게 못했지?'라고 자책하는 대신,

'괜찮아, 누구나 실수할 수 있어. 다음엔 더 잘할 거야'라고 말하는 겁니다. 다만 여러분 중엔 자기 친절이 낯설게 느껴지는 분들이 있을 겁니다. 특히 두려운 상대와 마주한 상황에서 자기 친절을 유지하는 건 절대 쉽지 않죠."

나는 고개를 끄덕였다. 그동안 직장에서 상사 앞에서 느꼈던 좌절감과 위축된 감정이 떠오르며, 과연 나 스스로를 그렇게 따뜻하게 대해줄 수 있을까 하는 의문이 들었다.

"그러나 바로 이런 상황에서도 자기 자신에게 친절하게 대할 수 있어야 합니다." 교관이 한마디 한마디에 힘을 주어 말했다. "지금부터 우리는 그 올바른 태도를 기르는 연습을 시작할 겁니다. 여러분이 겪고 있는 어려움을 그대로 인정하고, 그 속에서도 자신에게 따뜻한 마음을 보내는 방법을 배울 겁니다."

나는 교관의 말을 되새기며 결심했다. '맞아, 나도 나에게 좀 더 친절해질 필요가 있어.'

오랜 시간 쌓여왔던 자책의 벽을 허물고, 내가 나를 위로하는 법을 배워야 했다. 그것이 용기 강화 2단계 마지막에 다다른 지금, 나에게 가장 필요한 연습이라는 것을 깨달았다.

0. 편안한 장소에서 긴장이 풀리는 자세를 찾으세요.

1. 자신의 감정 알아차리기:

현재 자신이 어떤 감정을 느끼고 있는지 인식합니다. 그 감정이 긍정적이든 부정적이든, 비난하거나 판단하지 않고 그대로 받아들입니다. "지금 내가 느끼는 감정은 무엇인가?"라고 스스로 물어보고, 감정을 있는 그대로 알아차리세요.

2. 자신에게 친절한 말을 건네기:

자신의 감정을 인정한 후, 스스로 따뜻하고 친절한 말을 건네보세요. 예를 들어, "괜찮아, 누구나 실수할 수 있어"라고 말하며 자신을 위로하고 격려해 줍니다.

3. 자신을 따뜻하게 안아주기:

친구를 위로할 때 안아주듯이 스스로를 감싸 안아보세요. 팔을 가슴에 감싸거나 손을 가슴에 얹고 부드럽게 쓸어줍니다. 이 작은 행동이 스스로 큰 위로가 될 수 있습니다. 쑥스러우면 안 해도 됩니다. 스스로 친절한 선택을 하는 것이 핵심입니다.

4. 자신에게 고마운 마음 갖기:

자신이 해왔던 노력과 지금, 이 순간도 잘 해내고 있는 자신을 대견하게 생각하는 마음을 가져보세요. "나는 이만큼 잘 해왔고, 지금도 충분히 잘하고 있어"라는 생각으로, 스스로 고마움을 표현해 봅니다. 고마움을 말로 표현하기 어려울 수도 있습니다. 그럴 때는 작은 기쁨을 선물해도 좋습니다. 예를 들어 가벼운 차 한 잔이나 산책 등 자신을 위로해 주는 시간을 선물해 보세요.

~ welcome ~

자기 친절 연습을 마치고 나니, 마음이 조금은 가벼워졌다. 처음에는 스스로를 안아주는 것이 어색하게 느껴졌지만, TV 드라마에서 본 셀프 허그나 혼자서 스스로를 다독이는 장면이 떠올랐다. 그때처럼 나도 따라 해봤다.

'나는 이만큼이나 잘 해왔고, 지금도 충분히 잘하고 있어.' 그렇게 나에게 고마움을 표현해 보니, 용기 강화 프로그램에 참여한 것이 잘한 선택이라는 생각이 들었다. 마치 내 안에 있던 무거운 짐이 조금 내려간 듯했다. 교관이 다시 입을 열었다.

"자기 친절 연습을 잘 해주셨습니다. 이제 우리는 그보다 더 넓은 개념인 '셀프 컴패션'에 대해 배워갈 것입니다."

'셀프 컴패션? 이건 또 뭐지?' 나는 고개를 갸웃거렸다.

"셀프 컴패션은 자기 친절에서 더 확장된 개념입니다. 우리가 1단계에서 이완하고 호흡을 알아차리면서, 자신의 감정과 생각도 함께 떠올랐을 겁니다. 그때 느낀 두려움이나 불안감도 있었겠죠."

나는 그때의 기억이 떠올랐다. 호흡을 관찰하면서 느꼈던 내 안의 불안감과 여러 감정들. 그 모든 것이 한꺼번에 밀려왔던 순간이었다.

"중요한 것은," 교관이 말했다. "그런 감정이나 어려움이 여러분만의 것이 아니라는 것을 인식하는 겁니다. '나만 이런 게 아니구나. 다른 사람들도 겪고 있구나.' 이렇게 생각하면 마음이 한결 편해질 겁니다."

그 말을 듣자 갑자기 안도감이 들었다. '맞아, 나만 힘든 게 아니었어.' 나는 종종 내가 너무 민감하고, 다른 사람보다 더 쉽게 두려움을 느낀다고 생각했었다. 그런데 이 모든 감정이 나 혼자만 겪는 게 아니라는 걸 알게 되니 조금은 마음이 풀리는 느낌이었다.

"이런 감정을 받아들이면서, 마치 다른 사람에게 하듯이 자신에게도 따뜻하게 대해주는 것이 중요합니다. 완벽해지고 싶은 마음이 생길 수 있지만, 그건 누구나 겪는 자연스러운 마음입니다. 완벽하지 않아도 괜찮다는 것을 받아들이는 것이 셀프 컴패션의 중요한 부분입니다."

나는 교관의 말을 되새겼다. '완벽하지 않아도 괜찮다.' 이 말이 가슴에 와닿았다. 모든 일을 완벽하게 해야 한다는 생각

때문에 스스로에게 가혹했던 순간들이 떠올랐다. 이제는 나 자신에게 조금 더 너그러워져도 된다는 생각이 들었다.

마음 챙김 훈련 : 셀프 컴패션 기르기

0. 편안한 장소에서 긴장이 풀리는 자세를 찾으세요.

1. 자신의 고통을 알아차리기:
현재 자신이 어떤 고통이나 어려움을 느끼고 있는지 인식합니다. 그것을 회피하거나 억누르지 말고 그대로 받아들입니다.

2. 자신을 인간으로 받아주기:
자신이 겪는 고통이나 어려움을 혼자만 겪는 것이 아니라, 많은 사람들이 비슷한 경험을 하고 있음을 인식합니다.

3. 자신에게 따뜻한 위로와 격려 보내기:
앞에서 연습한 자기 친절한 마음을 스스로에게 보내주세요. 스스로를 비난하는 대신 이해하고 용서하는 마음을 가져보세요. "나는 완벽하지 않아도 괜찮아. 실수는 성장의 과정이야" 라고 자신에게 말하며, 스스로를 너그럽게 대합니다.

4. 자신을 돌보기 위한 행동 계획 세우기:
작은 실천 계획이라도 세우고 실행에 옮겨 봅니다. 예를 들어, 충분한 휴식을 취하거나, 좋아하는 활동을 하거나, 힘들 때는 누군가에게 도움을 요청하는 것도 좋은 방법입니다.

◖ 3단계: 비전 설정과 도전

용기 강화실에 들어서자, 교관이 미소를 지으며 우리를 기다리고 있었다. 1단계와 2단계를 성공적으로 마친 나는 내심 뿌듯했다.

'나도 여기까지 해냈구나.'

자신감이 살짝 올라오는 것을 느끼며, 다음 단계에 대한 기대감으로 가슴이 두근거렸다. 교관은 차분하게 말했다.

"1단계와 2단계를 훌륭하게 지나온 여러분, 진심으로 칭찬하고 응원합니다. 여기까지 온 것만으로도 큰 용기를 내신 겁니다."

그의 말에 훈련생들 사이에서 안도감과 자부심이 번지는 듯했다. '나도 해냈어.' 나는 속으로 생각했다. 교관은 잠시 우리를 둘러보며 말을 이었다.

"이제 3단계에서는 비전 설정과 도전이 여러분을 기다리고 있습니다. 이 과정은 용기를 더욱 강화하는 데 매우 중요한 단계입니다."

그 말에 나도 모르게 기대감이 더 커졌다. '비전 설정? 내 삶의 방향을 정하는 건가?' 교관은 설명을 이어갔다.

"이 단계에서는 각자의 삶의 방향을 명확히 설정하고, 그 비전을 실현하기 위한 도전에 나서게 될 것입니다. 때때로 목표와 비전 앞에 도전이 큰 장애물처럼 느껴질 수 있습니다. 하지만 사실 그 장애물들은 여러분이 나아가야 할 길을 더 명확하게 보여주는 지표일 수도 있습니다."

나는 고개를 끄덕였다. 맞다, 인생에서 마주치는 도전들은 나를 더 강하게 만들었었다. 그런데, 교관의 말처럼 그것들이 나를 어디로 이끌고 있는지 명확히 알게 해준 적은 없었다. 그저 두려워하기만 했을 뿐이다.

"두려움을 알아차리고 그것을 극복하는 과정에서, 우리는 진정으로 원하는 삶의 방향을 찾을 수 있습니다."

교관은 우리에게 강한 어조로 말했다.

"여러분의 두려움이야말로 진짜 가고 싶은 길을 알려주는 신호일 수 있습니다."

나는 잠시 멍해졌다. '두려움이 신호일 수 있다?' 두려움은 그저 극복해야 하는 부정적 감정이라고만 생각했는데, 그 말이 마음에 깊이 와닿았다. 그동안 내가 겁내며 피했던 것들이 사실 내가 원하는 삶으로 가는 길이었을지도 모른다는 생각이 들었다. 교관은 마지막으로 말했다.

"이제 함께 3단계로 나아가봅시다. 여러분의 비전과 도전을 마주할 준비가 되셨습니까?"

훈련생들은 고개를 끄덕였다. 나 역시 두려움과 설렘이 섞인 마음으로 고개를 끄덕였다.

'그래, 나도 준비됐어.'

비전 설정과 자기 이해

용기 강화 프로그램에서 비전 설정과 자기 이해는 매우 중요한 과정이었다. 교관이 우리를 바라보며 물었다.

"여러분은 비전이 있습니까?"

이 질문을 듣는 순간, 나는 나도 모르게 잠시 멈칫했다. 비전? 이 단어가 조금 거창하게 느껴져 순간 움찔했다.

'비전이라니, 내가 과연 그런 걸 가지고 살고 있었나?' 하지만 곧 회사의 리더들이나 사회적으로 성공한 사람들이 비전을 얼마나 강조하는지 들어본 기억이 떠올랐다. 자연스럽게 스스로 질문을 던지게 됐다. '내 비전이 뭐지?'

교관은 우리가 고민하는 듯한 표정을 읽었는지, 말을 이어갔다.

"비전이라는 단어가 크게 느껴질 수 있습니다. 하지만 그 개념을 조금 더 작게 쪼개서 생각해 봅시다."

교관은 사장들을 가르치는 것으로 유명한 김승호 씨의 말을 인용했다.

"김승호 씨는 이렇게 말했습니다. '사장만이 사장이 아니다. 우리 모두가 각자의 삶에서 사장이다.' 그는 사장으로 산다는 것은 결국 '책임을 받아들이는 것'이라고 강조했죠. 중요한 것은 자신이 속한 삶의 경영자로서, 그 삶에 책임을 지는 사람이라는 점입니다."

그 말을 듣는 순간, 나도 모르게 고개를 끄덕였다. '사장이라…' 처음에는 나와는 거리가 먼 단어라고 생각했지만, 교관의 설명을 듣고 나니 '사장'이라는 단어가 좀 더 가깝게 느껴졌다. 내 삶을 경영하는 사람, 그리고 그 삶의 방향을 결정하는 것이 나 자신이라는 사실이 새롭게 와닿았다. 교관은 말을 이어갔다.

"책임이라는 단어가 무겁게 느껴질 수도 있습니다. 하지만 자기 삶의 책임을 지는 것이 얼마나 중요한지 생각해 보세요. 이것이 바로 비전 설정의 첫걸음입니다."

하지만 나는 '책임'이라는 말을 듣는 순간 마음이 무거워지는 걸 느꼈다. '책임진다는 게 쉬운 일이 아닌데…'

"책임이라는 말이 부담스럽게 느껴질 수 있습니다. 그러나 기억하세요. 우리가 1단계와 2단계에서 작은 두려움에 도전했던 그 경험들을요. 그때 여러분은 작은 시도를 선택했고, 그 결과로 얻은 작은 만족감과 성취가 있었습니다. 그게 바로 여러분의 선택이었고, 그 선택에 따른 책임을 자연스럽게 받아들였던 것입니다."

나는 그 말을 곱씹었다. 맞다. 두려움을 느꼈지만, 그때마다 작은 시도를 해봤고, 그 작은 선택들이 나를 조금씩 더 나은 방향으로 이끌었다는 걸 깨달았다. '책임을 지는 게 꼭 무겁고 거대한 일이 아닐지도 몰라.'

교관은 말을 이어갔다.

"이처럼 비전 설정도 마찬가지입니다. 비전은 거창한 게 아닙니다. 자기 삶에서 작은 목표를 세우고, 그 목표를 향해 나아가는 과정에서 비전이 형성되는 겁니다. 결국, 비전이란 자신이 무엇을 원하는지 명확히 알고, 그 방향을 설정하는 것입니다."

교관의 설명을 들으면서, 나의 비전이 무엇일지 스스로 묻기 시작했다.

'내가 정말 원하는 삶은 무엇일까?'

교관이 던진 질문은 나를 깊이 생각하게 했다. 내 삶의 방향을 진지하게 생각해 본 적이 언제였는지 떠올려 보게 됐다.

'내 삶의 비전… 나는 어떤 방향으로 나아가야 할까?' 마음속에서 그 질문이 커지며, 비전 설정이 더는 거창하게 느껴지지 않았다. 그것은 바로 나의 작은 선택과 시도, 그리고 그 선택에 대한 책임의 연장선일 뿐이었다.

SWOT 분석과 전략 수립

교관은 우리의 비전 설정에 대한 궁금증을 꿰뚫어 본 듯, 부드럽게 설명을 이어갔다.

"비전이란 여러분이 나아가고 싶은 방향을 제시하는 나침반과 같은 것입니다. 그 비전을 구체적으로 만들기 위해서는 스스로를 돌아보고, 강점과 약점을 정확히 파악하는 것이 중요하죠. 그래서 오늘은 비즈니스에서 자주 사용하는 SWOT

분석을 통해 자신을 분석하는 시간을 가질 겁니다."

나는 'SWOT'이라는 말이 다소 낯설게 느껴졌지만, 동시에 호기심이 생겼다. 강점(Strengths), 약점(Weaknesses), 기회(Opportunities), 위협(Threats). 익숙한 개념들이었지만, 이것을 나의 삶에 적용해 보는 것은 처음이었다.

"자신의 강점과 약점을 솔직하게 들여다보는 것은 결코 쉬운 일이 아닙니다. 그래서 여러분이 지금까지 해온 용기 강화 훈련이 필요한 순간입니다. 강점과 약점을 있는 그대로 인정하는 것이 진정한 용기죠. 과대평가하거나 과소평가하지 말고, 있는 그대로 적어보세요."

이 말을 들으니 마음 한쪽이 조금 긴장됐다. '내 강점과 약점이라… 무엇을 적어야 하지?' 생각이 꼬리를 물었다.

그동안 '소심함'이라 여겼던 내 성격이 머릿속에 떠올랐다. 하지만 교관의 말처럼 나를 과소평가하지 않는다면, 그 소심함이 배려심으로 바뀔 수도 있지 않을까 하는 생각이 들었다.

'맞아, 나의 소심함은 다른 사람을 배려하는 마음일 수도 있지.' 그렇게 나는 '소심함' 대신 '배려심'이라는 단어를 강점 칸에 적었다. 마치 내 안의 약점이 힘을 얻어 강점으로 전환되는 순간을 경험한 듯했다.

교관이 다시 말을 이어갔다.

"특성이라는 건 상황에 따라 약점이 될 수도 있고, 강점이 될 수도 있습니다. 이를 어떻게 해석하느냐에 따라, 여러분은 자신의 특성을 더 긍정적으로 바라볼 수 있습니다."

교관의 말이 가슴 깊이 와닿았다. '내가 생각했던 약점들이 실제로는 강점으로 발현될 수 있다니, 놀라워!' 나는 천천히, 그러나 확신에 찬 마음으로 나머지 강점과 약점을 적어나가기 시작했다. 잠시 후, 교관이 다음 단계를 설명했다.

"이제는 자신이 처한 외부 환경을 돌아보면서, 어떤 기회와 위협이 존재하는지 생각해 봅시다. 예를 들어, 새로운 기술을 배울 기회가 있을 수 있고, 주변에서 도움을 주는 사람들도 기회가 될 수 있습니다. 반면, 경제적 불황이나 치열한 경쟁 같은 것은 위협으로 작용할 수도 있겠죠."

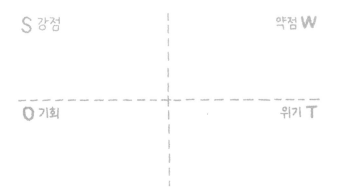

0. 편안한 장소에서 긴장이 풀리는 자세를 찾으세요.

1. SWOT 사각형 나누기

- 사각형을 그립니다.
- 사각형을 가로와 세로로 각각 한 번씩 선을 그어 4등분으로 나눕니다.
  - 각 네 면에 다음과 같이 적습니다:
  - 왼쪽 위: Strengths (강점)
  - 오른쪽 위: Weaknesses (약점)
  - 왼쪽 아래: Opportunities (기회)
  - 오른쪽 아래: Threats (위협)

2. 강점 (Strengths) 찾기

왼쪽 위 칸에 자신의 강점을 적어보세요. 내가 잘하는 것, 남보다 뛰어난 능력이나 성격적 장점 등을 생각해 보세요.

3. 약점 (Weaknesses) 찾기

오른쪽 위 칸에 자신의 약점을 적어보세요. 내가 부족하다고 느끼는 부분, 개선이 필요한 점을 솔직하게 적어봅니다.

4. 기회 (Opportunities) 찾기

왼쪽 아래 칸에 자기 삶에서 활용할 수 있는 기회들을 적어보세요. 현재 상황에서 당신에게 유리하게 작용할 수 있는 외부 요인들을 생각해 보세요.

5. 위협 (Threats) 찾기

오른쪽 아래 칸에 자신에게 닥칠 수 있는 위협을 적어보세요. 현재 또는 미래에 당신의 목표에 방해가 될 수 있는 외부 요인 등을 생각해 보세요.

6. 자기 이해와 통찰 정리하기

SWOT 분석 정보를 바탕으로 자신에 대한 이해와 통찰이 생긴 부분을 메모해 보세요.

나는 지금 내가 처한 환경을 천천히 되돌아보며 SWOT 분석을 채워나갔다. 내가 공부하는 분야가 빠르게 변화하고 있는 것이 기회인지, 아니면 나에게 부담을 주는 위협인지 고민했다. 적어나가다 보니, 새로운 통찰이 떠올랐다.

'변화가 두려웠지만, 사실 이 변화는 나에게 기회일 수 있겠구나.'

SWOT 분석이 끝난 후, 교관이 물었다.

"이제 여러분의 SWOT 분석을 마무리했나요? 이 과정을 통해 새로운 깨달음이 생겼다면 메모로 정리해 보세요. 어떤 기회가 위협처럼 느껴지거나, 약점이 강점으로 보이는 순간이 있었을 것입니다."

나는 배려심이라는 내 강점을 어떻게 더 잘 활용할 수 있을지, 그리고 변화하는 환경에서 나만의 기회를 어떻게 찾아내야 할지를 고민하며 메모를 정리해 나갔다. 교관의 지시를 따르는 동안, 머릿속에서는 점점 더 선명해지는 비전이 그려졌다.

'이제 이 분석 결과를 실제로 어떻게 적용할 수 있을까?'

그동안 나는 위험을 피하고, 소심하게 살아왔다는 생각이 스쳤다. 과거의 나를 돌아보니, 언제나 안전한 길만을 선택하려 했고, 그 결과 도전할 기회를 놓친 적이 많았다. 교관이 말했던 '파충류의 뇌'와 '투쟁-도피-얼음 반응'이 떠올랐다. 나 역시 위협을 느낄 때마다 본능적으로 도망치거나 피하는 쪽을 택했다.

교관은 우리의 생각을 꿰뚫어 본 듯, 설명을 이어갔다.

"전략을 세우는 데 있어 중요한 것은 파충류의 뇌와 변연계의 작용을 이해하는 것입니다. 우리는 모두 두려운 상황에서 본능적으로 도망치거나 피하려고 합니다. 이것이 바로 편도체가 우리의 판단력을 납치하는 순간이죠.

하지만 진정한 전략 수립은 인간의 이성적 뇌, 즉 전두엽을 사용하는 과정입니다. 두려움이 편도체를 지배하지 않도록, 전두엽을 적극적으로 활용하는 법을 배워야 합니다."

교관의 설명을 들으며, 나는 그동안 위험을 회피하며 살아왔던 내 모습을 다시 떠올렸다. 교관은 우리의 본능적 반응을 인정하면서도, 그것을 넘어서는 법을 가르쳐주고 있었다.

"물론 위험에서 벗어나려는 본능은 우리를 보호하기 위한 자연스러운 반응입니다. 그러나 두려움에 사로잡혀 아무것도 하지 않으면, 그 두려움은 더 강해질 수밖에 없어요. 반면, 작은 도전이라도 시도하면 두려움 힘줄은 점차 약해지고, 용기 근육은 강화됩니다."

이 말을 듣고 나니, 그동안 피하려 했던 것들이 오히려 나를 더 옭아매고 있었다는 생각이 들었다. 교관이 잠시 침묵을 지키더니, 결론을 내듯 말했다.

"만약 우리가 안전만을 추구하며 산다면, 사자조차 사냥을 포기할 겁니다. 그렇게 살다 보면 쥐 한 마리도 잡지 못하는 고양이가 될 수 있어요. 이제 여러분이 선택할 차례입니다. 용기 있는 사자가 될 것인지, 아니면 소심한 고양이로 남을 것인지."

이 마지막 말이 나의 마음을 흔들었다.

'소심한 고양이로 살 것인가, 아니면 배려심을 가진 사자로서 용기 있게 나아갈 것인가?'

비로소 선택의 순간이 다가온 것 같았다. 두려움 속에서 맴도는 대신, 이제는 도전할 시간이었다. 나는 이 비전을 따라 새로운 전략을 세워 인생을 변화시킬 선택할 용기가 서서히 내 가슴속에 차오르는 것을 느꼈다.

마음 챙김 훈련 : 전략 도출하기

0. 편안한 장소에서 긴장이 풀리는 자세를 찾으세요.

1. SWOT 분석을 통해 네 가지 전략 조합 도출하기

SWOT 분석에서 나온 강점(Strengths), 약점(Weaknesses), 기회(Opportunities), 위협(Threats)을 조합하여 네 가지 전략을 도출합니다.

- 강점과 기회를 활용하는 전략 (SO 전략)
- 약점과 기회를 활용하는 전략 (WO 전략)
  - 강점과 위협을 활용하는 전략 (ST 전략)
  - 약점과 위협을 극복하는 전략 (WT 전략)

2. 강점과 기회를 활용하는 전략 (SO 전략)

S와 O 부분에 집중해, 자신에게 유리한 전략을 수립합니다. 예를 들어, 당신이 가진 기술적 강점을 새로운 기회가 열리고 있는 분야에 적용해 보세요.

3. 약점과 기회를 활용하는 전략 (WO 전략)

W와 O를 결합하여 약점을 보완할 수 있는 전략을 수립합니다. 예를 들어, 당신이 부족하다고 느끼는 부분을 새로운 기회를 통해 개선하거나, 학습과 훈련을 통해 약점을 극복하는 방법을 찾습니다.

4. 강점과 위협을 활용하는 전략 (ST 전략)

S와 T를 결합해 외부의 위협을 줄이기 위한 전략을 수립합니다. 예를 들어, 당신의 강점을 활용해 다가오는 위협에 대비하거나, 위협을 최소화하기 위한 방어적 전략을 생각해 보세요.

5. 약점과 위협을 극복하는 전략 (WT 전략)

W와 T를 결합해 위험을 줄이기 위한 전략을 수립합니다. 당신이 가장 취약한 영역이므로, 리스크를 최소화하기 위해 계획을 세우고, 약점을 보완하기 위한 구체적인 방법을 고민해 보세요. 예를 들어, 자신이 부족한 부분을 다른 사람의 도움을 받거나, 새로운 스킬을 학습함으로써 위협에 대처할 수 있도록 준비합니다.

6. 작지만 실현할 수 있는 계획 세우기

각 전략을 바탕으로, 실현할 수 있는 작은 계획을 세워 실행해 보세요. 이 과정을 통해 자신에게 맞는 전략을 실천하고, 점진적으로 목표에 가까워질 수 있습니다.

비전 수립과 지속적 성장

SWOT 분석을 통해 강점, 약점, 그리고 현재 처한 환경의 기회와 위기를 파악한 후, 교관은 우리에게 다음 단계로 나아갈 준비를 시켰다.

"이제는 자신의 비전을 구체적으로 정리해 보는 시간이 왔습니다." 교관이 말했다. "이번에는 자유롭게 떠오르는 생각을 글로 써보는 방식, 즉 프리라이팅을 활용할 겁니다."

글을 쓰는 사람들에게 종종 언급되는 방식이었던 프리라이팅이라는 단어는 그리 낯설지 않았다. 하지만 이번에는 느낌이 달랐다. 자신을 위한 글쓰기, 나만의 비전을 그리는 글쓰기였기 때문이었다. 교관은 계속해서 설명을 이어갔다.

"SWOT 분석을 바탕으로 각자의 전략을 수립하는 방식은 사람마다 다를 수 있습니다. 어떤 사람은 강점과 기회를 결합하는 SO 전략을 택할 수도 있고, 반대로 강점과 위협을 결합해 극복하는 ST 전략을 선택할 수도 있죠. 중요한 것은 각자가 어떤 전략을 우선시할지 결정하는 겁니다."

이 말을 들으며 나는 자연스럽게 나의 강점인 배려심과 웰니스 산업의 기회를 연결하는 생각이 떠올랐다. 최근 웰니스 분야가 AI와 건강 관리의 결합으로 크게 성장하고 있는 상황을 활용해, 어떻게 내 배려심을 발휘할 수 있을까? 나는 그 가능성을 진지하게 고민하기 시작했다. 그 순간 교관이 말했다.

"이제 그 마음속에 떠오르는 생각들을 자유롭게 글로 써보세요. 바로 프리라이팅입니다. 프리라이팅은 형식 없이, 머릿속에 떠오르는 대로 글을 적어나가는 과정입니다. 누가 볼 것도 아니니 두려워할 필요 없고, 편도체의 활성화에 불과한 불안을 느낄 이유도 없습니다."

프리라이팅은 익숙하지 않지만, 스스로 정직하게, 머릿속 생각을 풀어낼 수 있는 도구였다. 교관은 이 방식이 비전과 목표를 명확히 드러낼 수 있는 강력한 도구라고 강조했다. 글을 쓰면서 내 안에 진정으로 바라는 것, 나아갈 방향이 더 명확해질 것이라고도 했다.

종이를 앞에 두고 나는 천천히 글을 써 내려갔다. '웰니스 산업에서 배려심을 발휘하는 방법, 사람들이 더 건강한 삶을 살 수 있도록 돕는 일.' 떠오르는 생각을 쏟아내며 나만의 비전이 점점 구체화되는 것을 느낄 수 있었다.

마음 챙김 훈련 : 프리라이팅 3회

0. 긴장이 풀리는 편안한 장소에서 앉거나 누워 마음을 차분하게 가라앉힙니다.

1. 1차 프리라이팅
- 타이머를 3분으로 설정합니다.
- 3분 동안 머릿속에 떠오르는 모든 생각을 자유롭게 글로 옮깁니다. 특별한 주제를 정하지 말고, 형식이나 논리에 얽매이지 않고 떠오르는 대로 생각을 펼쳐보세요.

- 3분이 지나면 글쓰기를 멈추고, 작성한 글에서 핵심어 3개를 선택합니다.

2. 2차 프리라이팅

- 선택한 핵심어 3개를 중심으로 다시 3분 동안 프리라이팅을 진행합니다.
- 이번에는 본인이 선택한 전략의 우선순위를 엮어보는 연습을 해보세요. 예를 들어, 강점과 기회, 그리고 선택한 핵심어 3개를 연결해 생각을 발전시켜봅니다.
- 3분이 지나면 글쓰기를 멈추고, 다시 작성한 글에서 핵심어 3개를 선택합니다.

3. 3차 프리라이팅 및 비전 설정

- 마지막으로 선택한 핵심어 3개를 중심으로 또 한 번 3분 동안 프리라이팅을 진행합니다.
- 이번에는 앞서 선택한 핵심어들과 전략을 바탕으로, 자신의 비전을 구체적으로 만들어 보세요.
- 3분이 지나면 글쓰기를 멈추고, 자신이 설정한 비전을 확인하며 정리합니다.

교관은 강의실 앞에 서서 진지하게 설명을 이어갔습니다.

"용기는 한 번의 도전으로 끝나는 것이 아닙니다. 지속해서 성장하고, 꾸준히 도전하는 과정에서 용기는 더욱 강화됩니다. 물론 그 과정에서 두려움이 늘 존재할 겁니다. 두려움은 우리를 멈추게 하는 요인이 될 수도 있죠."

교관의 말에 고개를 끄덕였다. 두려움은 언제나 내가 무언가를 시도하려 할 때마다 발목을 잡았다. 새로운 도전 앞에서 두려움이 불쑥 고개를 들면, 주저앉고 싶은 마음이 든 경험이 한두 번이 아니었다. 그러나 교관은 그런 두려움을 어떻게 받아들여야 할지를 알려주고 있었다.

"하지만 중요한 건 두려움을 없애려 하기보다는 그와 함께 나아가는 겁니다. 두려움이 없는 상태를 목표로 삼기보다는, 두려움 속에서도 성장할 수 있다는 걸 알아차리는 것이죠."

교관의 설명이 이어질수록, 나는 두려움에 대한 새로운 관점을 이해하게 되었다. 두려움은 나를 뒤로 물러서게만 하는 존재가 아니라, 오히려 내가 앞으로 나아갈 수 있는 또 다른 발판이 될 수 있었다.

"상황은 언제나 변합니다." 교관은 힘주어 말했다. "지금 당신이 놓인 상황도 앞으로 여러 변화를 겪게 될 것입니다. 그런데 이 상황의 변화는 당신을 성장시킬 기회이기도 하죠.

변화를 두려워하지 말고, 그 변화를 기회로 활용하는 것이 진정한 용기입니다."

나는 군대에서의 경험이나 직장에서의 상황을 떠올렸다. 그때는 변화가 다가올 때마다 불안감에 휩싸였고, 항상 내가 감당할 수 없을 거라는 생각에 사로잡혔었다. 하지만 지금 교관의 설명을 듣고 보니, 변화는 피할 수 없는 것이며, 오히려 나에게 더 나은 기회로 다가올 수 있다는 깨달음이 들었다.

교관은 이제 마무리로 들어가며 이렇게 덧붙였다.

"비전 수립이란 단순히 목표를 한 번 설정하고 끝내는 과정이 아닙니다. 상황이 변하면 목표도 수정해야 하고, 전략도 달라져야 할 때가 있습니다. 그렇기 때문에 유연하게 목표를 다시 설정하고, 변화에 맞춰 비전과 계획을 지속해서 발전시켜 나가는 것이 중요합니다."

이 말을 들으며 나는 '비전은 군대에서의 목표나 직장에서의 성공 같은 한정된 영역에서만 작동한다'고 생각했던 내 이전의 생각이 너무 단선적이었다는 걸 깨달았다. 사실 비전은 내 삶 전반에서, 계속해서 수정되고 발전해야 하는 것이었다.

나는 스스로 다짐했다. 앞으로의 상황 변화를 두려워하지 않고, 오히려 성장의 기회로 삼겠다고. 그동안 주저했던 두려움의 벽을 넘는 것이 진정한 도전이고, 이 도전이 나를 더 강하게 만들어 줄 것이라는 믿음이 강하게 생겨났다.

용기 업그레이드

용기 강화 과정을 마치고 돌아온 나는, 새로운 비전을 가지고 일상에 복귀했다.

처음 며칠은 활력으로 가득했다. 배운 것들을 적용하며, 주변 사람과 더 원만하게 지냈다. 대화할 때나 상황에 맞닥뜨릴 때, 마음이 다른 곳으로 흩어지지 않도록 지금, 이 순간에 주의를 기울였다. 실수했더라도 스스로를 자책하지 않고, 프로그램에서 배운 자기 친절을 기억하며 나 자신을 다독였다. 마치 모든 것이 긍정적으로 바뀐 것 같았다.

하지만 시간이 지나자, 프로그램에서 배운 것들이 점차 희미해지는 듯한 느낌이 들기 시작했다. 처음의 열정과 자신감이 조금씩 사라지고, 다시 예전처럼 소심하고 불안한 나로 돌아가는 것 같았다. '나는 다시 제자리로 돌아가는 건가?'라는 생각에 다시 두려움이 올라왔다.

그러던 중, 용기 강화 과정을 마친 사람들이 자신의 용기를 더 발전시키고 지속해서 유지할 수 있는 업그레이드 과정이 있다는 소식을 들었다. 그 과정은, 지금까지 배운 것들을 습관화해 일상에 자연스럽게 녹아들게 하는 특별한 훈련이었다.

더 고민할 이유가 없었다. 나는 곧바로 다시 훈련소를 찾았다. 익숙한 용기 강화실로 들어서자, 오랜만에 마주한 교관이 여전히 온화한 미소를 지으며 나를 반겨주었다.

"용기는 단 한 번의 훈련으로 끝나는 것이 아닙니다. 꾸준한 연습과 훈련이 필요해요. 처음 며칠 동안의 활력은 당신 잠재력의 일부에 불과합니다. 이제 그 잠재력을 더 키우고, 지금 느끼는 불안을 넘어설 방법을 배워보는 것이 중요합니다. 그것이 바로 앞으로 시작하게 될 '업그레이드 과정'입니다."

교관의 말에 마음속의 불안이 조금씩 사라지는 듯했다. 이 과정이 더 나은 나로 성장할 기회라는 확신이 들었고, 나는 다시 한번 그 길을 걷기로 다짐했다.

◖ 일상 주의력과 정리의 힘

"오늘 우리가 다룰 용기 업그레이드 과정의 첫 번째 단계는 바로 일상에서 주의력을 기르고, 그 힘을 느껴보는 것입니다." 교관이 설명을 시작했다. "우리가 목표로 하는 것은 엔트로피, 즉 혼란을 줄이고, 삶에 질서를 불어넣는 것이죠. 이를 위해 당신의 일상 속 작은 행동부터 주의력을 기울여 보세요. 예를 들어, 신발을 벗을 때 가지런히 놓고, 양치할 때 물을 낭비하지 않는 것, 그게 바로 시작입니다."

나는 고개를 끄덕이며 교관의 말을 하나도 놓치지 않기 위해 귀를 기울였다. 교관은 계속해서 말했다.

"일상에서 물건을 무심코 낭비하는 것과 주의력을 흩트리는 것은 연결되어 있습니다. 물건을 함부로 다루고 어수선하게 생활하면, 결국 마음도 어수선해지고 주의력도 흐트러집니다. 반대로 주의력을 기울이고 작은 습관 하나씩 정리해 나가면, 내면의 평화도 자연스럽게 찾아오게 됩니다." 그는 주의력의 중요성을 강조하며 한 걸음 더 나아갔다.

"주의력이란 단순히 집중을 잘하는 능력을 뜻하는 게 아닙니다. 그것은 곧 당신이 세상을 대하는 태도와 직결됩니다. 물건 하나를 정리하고, 하루를 질서 있게 만들어 나가는 그 과정에서, 스스로 통제력을 되찾을 수 있죠. 그리고 그 통제력은 용기를 지속하고 성장시키는 데 중요한 밑거름이 됩니다."

이 말을 들으며, 나는 생각해 본 적 없던 평소의 사소한 행동들이 떠올랐다. 욕실에서 치약을 무심히 짜던 기억, 방에 옷을 아무렇게나 두었던 모습들. 이제 집에 돌아가면 이런 사소한 부분부터 정리해야겠다고 결심했다.

"문을 여닫을 때도 주의력을 발휘할 수 있습니다. 손이 닿는 곳마다 신경을 쓰고, 의자에 앉을 때 몸의 균형이 맞는지 확인하고, 컴퓨터 앞에서 거북목이 되지는 않았는지 점검하는 것이 중요합니다."

그 말에 나는 문득 과거 피시방에서 몇 시간이고 허리를 구부리고 앉아 게임에 몰두했던 때가 떠올랐다. 그때 나의 의식은 그저 게임에 빠져 있었기 때문에, 돌이켜보니 내 몸은 계속해서 불편한 자세로 피로감을 쌓아가고 있었다.

교관은 이번에는 시간을 나누어 관리하는 방법을 제안했다.

"주의력을 훈련할 때, 시간을 3:1로 나누는 것도 좋은 방법입니다. 예를 들어, 게임을 할 때 45분 타이머를 맞춰보세요. 45분 동안 몰입한 후 잠시 멈추고, 15분 동안 짧은 휴식을 취하는 것이죠. 이 과정을 반복하면서, 주의력을 점차 조정해 나가는 겁니다. 한 번에 완벽하게 하려는 마음을 버리고, 차근히 주의력을 향상해 나가는 방법입니다."

나는 그 말을 들으면서 안도했다. 한 번에 모든 것을 완벽하게 고치지 않아도 괜찮다는 생각이 위안이 되었다. 작은 변화부터 시작해 차근차근 나아가면 된다는 사실에 마음이 조금 가벼워졌다.

"다음으로 선택적 주의력과 지속적 주의력을 훈련하는 것도 중요합니다."

교관이 말을 이었다. 나는 순간적으로 낯선 개념에 머뭇머뭇했다. '선택적 주의력? 지속적 주의력?' 다소 당황스러웠지만, 교관은 차근차근 설명을 이어갔다.

"선택적 주의력은 말 그대로 여러 자극 중 하나에만 집중하는 것을 의미합니다. 예를 들어, 박스 호흡이나 호흡 사이클에 집중하는 것처럼 특정한 하나의 대상을 선택해 그곳에만 주의를 기울이는 것이죠."

교관의 말을 듣고, 나는 점차 이해되기 시작했다. 그가 이어 말했다.

"그 선택한 대상에 10분간 주의를 모아 보는 겁니다. 우리는 살아가면서 수많은 외부 자극과 내면의 잡생각에 흔들리기 마련입니다. 그럴 때, 선택적으로 한 가지에만 집중하는 연습이 필요한 겁니다."

그다음은 지속적 주의력에 대한 설명이 이어졌다.

"지속적 주의력은 선택한 대상을 꾸준히 집중하는 능력입니다. 예를 들어, 들숨과 날숨의 호흡 사이클에 10분 동안 집중하는 것도 지속적 주의력을 기르는 좋은 방법이죠. 이것은 우리가 쉽게 분산되는 주의력을 다잡고, 스스로 집중하는 힘을 길러줍니다."

교관은 마지막으로 제안했다.

"그럼, 지금 한 번 같이 해볼까요? 호흡을 주의 깊게 관찰하면서, 10분 동안 외부 자극이나 내면의 생각에 흔들리지 않도록 연습해 보세요."

나는 고개를 끄덕이며 교관의 지시에 따랐다. 외부 소음과 내면의 잡생각을 잠시 내려두고, 오로지 호흡에 집중해 보기로 했다. 한동안 잊고 지냈던 내 숨결이 점차 뚜렷하게 느껴졌다. 지금까지는 바쁘게 살면서 무의미하게 흘려보낸 날들이 떠오르기 시작했다.

하루하루가 너무 빠르게 흘러가 버렸고, 피로와 고민으로 꽉 찬 채 흘러갔던 날들을 생각하니 가슴 한편이 아려왔다. 지금은 교관의 지시에 따라 호흡에 집중하면서, 그동안 놓쳤던 내 몸과 마음에 주의를 기울였다. 그러면서 자연스레 마음이 차분해지고, 내가 지금까지 걸어온 길을 돌아보는 시간이 되었다.

0. 편안한 장소에서 긴장이 풀리는 자세를 찾으세요.

먼저, 몸을 편안하게 만들고 긴장을 풀 수 있는 장소에서 앉거나 누워서 준비합니다.

1. 선택적 주의력 적용

여러 자극 중 하나를 선택해 주의를 집중하는 연습을 합니다. 이때 호흡을 대상으로 선택해, 숨을 내쉬고 들이마시는 과정을 인식합니다. 코를 통해 들어오는 공기, 가슴과 배의 팽창과 수축에 집중하세요.

2. 호흡 사이클 알아차리기

날숨과 들숨이 한 번의 호흡 사이클이 됩니다. 각 사이클이 끝날 때마다 마음속으로 숫자를 세며 호흡을 알아차립니다. 1~10까지 호흡 사이클을 세어보세요.

3. 지속적 주의력 훈련

호흡 사이클 1~10을 반복하여 주의력을 유지합니다. 이 과정을 10분 동안 진행하며, 외부 자극이나 내면의 생각이 떠오르면 다시 호흡에 집중을 돌리며 연습합니다.

4. 주의가 흐트러질 때

주의가 흐트러질 때마다 그것을 알아차리고 다시 호흡으로 돌아옵니다. 이를 반복하면서 점차 주의력을 강화합니다.

교관과 함께 주의력 연습을 마치자, 머릿속이 맑아지고 마음이 차분해졌다. 주의력을 집중하는 게 이렇게 큰 변화를 줄 줄 몰랐다. 처음엔 어려웠지만, 호흡에만 집중하니 불필요한 생각들이 사라졌다. 이제 다시 해볼 수 있겠다는 자신감이 생겼다.

"용기는 작은 변화에서 시작됩니다. 이런 작은 연습들이 쌓여 결국 큰 변화를 만들어 내는 거죠. 지금 느끼는 이 차분함과 자신감이 앞으로도 큰 힘이 될 겁니다."

교관의 말에 고개를 끄덕였다. 작은 변화가 쌓이면, 더 큰 도전도 두렵지 않겠다는 생각이 들었다. 앞으로 주의력을 모으고, 조금씩 나아가면서 내 안의 용기를 키워나갈 수 있을 것 같았다. 이제 준비는 끝났다. 남은 건 실천뿐이었다.

◖ 아침 루틴과 지속적 성장

"많은 사람들이 '미라클 모닝'이 중요하다고 말합니다. 아침 시간이 하루의 성패를 좌우한다고도 말해요. 그런데 솔직히, 당신도 아침에 일어나서 씻고 나가기 바빠서 제대로 된 루틴을 만들기 어려울 겁니다. 대부분 사람들이 그렇죠. 시간 부족을 핑계로 시작조차 못 하곤 하잖아요?"

나는 고개를 끄덕였다. 아침에 일찍 일어나서 책을 읽거나 운동을 해보겠다고 다짐했던 날들이 떠올랐다. 하지만 결국에는 알람을 끄고 다시 누웠던 날들이 더 많았다. 교관이 말을 이어갔다.

"아침 루틴은 단순히 몸을 움직이는 것만이 아닙니다. 시간과 공간을 정리하고, 마음의 질서를 잡는 과정이에요. 이렇게 하루를 시작하면, 하루의 흐름이 더 안정적으로 될 수 있죠. 예를 들어, 간단한 스트레칭을 하거나 집을 정리하고, 그날의 우선순위를 정하는 것만으로도 하루가 달라집니다."

나는 잠시 생각에 잠겼다. '정말 그렇게 될까? 아침에 간단히 몸을 움직이는 것만으로도 더 나은 하루를 보낼 수 있을까?'

"물론, 모든 사람에게 같은 아침 루틴이 맞는 건 아니에요." 교관이 말했다. "누군가는 새벽 5시에 일어날 수 있을 겁니다. 하지만 야근하거나 아르바이트하는 사람은 11시가 넘어서야 일어나기도 하죠. 중요한 건, 그 '아침'이 언제가 됐든 자신만의 루틴을 만드는 겁니다."

나는 내 생활 패턴을 떠올렸다. 늘 아침에 쫓기듯 일어나던 내 모습이 떠올랐다. 하지만 교관의 말대로라면, 늦게 일어나는 것도 괜찮을 수 있었다. 중요한 건 그 시간을 어떻게 활용하느냐였다.

"아침 루틴을 정해진 시간에 맞추지 못한다고 해서 좌절할 필요는 없습니다." 교관은 나를 바라보며 말했다. "자신의 생활에 맞는 루틴을 만드는 것이 중요하죠. 자신의 '아침' 시간을 찾고, 그 시간에 하루를 질서 있게 시작하세요."

교관의 말에 조금씩 용기가 생겼다. 나만의 아침 시간은 새벽이 아닐 수도 있었다. 늦은 오전일 수도, 늦은 오후일 수도 있지만, 그 시간에 집중해서 하루를 계획하고 정리하는 것만으로도 충분할 수 있다는 생각이 들었다.

"하루의 흐름은 기상 직후 어떻게 시작하느냐에 달렸습니다. 자신의 상황에 맞는 아침 루틴을 설정하고 꾸준히 실천해 보세요."

나는 마음속으로 다짐했다. 내일 아침에는 일어나서 침대를 정리하고, 짧게라도 스트레칭을 하며 내 몸과 공간의 관계를 정리해 보자고. 그게 내가 시작할 첫걸음이 될 수 있을 것 같았다.

교관은 발바닥이 닿는 곳에 주의를 두는 연습을 알려주며,

아침 시간에 내가 서 있는 위치와 내 몸이 공간에 미치는 영향을 자각하는 연습이 필요하다고 말했다. 이 연습은 나와 공간 사이의 관계를 정리하는 최고의 연습이 될 수 있겠다는 생각이 들었다.

"아침 시간은 하루의 흐름을 잡는 중요한 시점입니다. 그때 당신이 서 있는 위치와 몸이 공간에 미치는 영향을 자각하는 것이 하루의 중심을 잡는 연습이 될 수 있습니다."

교관의 말에 따라 나는 발바닥 감각에 집중하며, 교관과 함께 천천히 걷기 시작했다. 발바닥이 바닥에 닿을 때의 느낌에 집중하자, 신기하게도 마음이 점차 차분해졌다. 발이 닿는 순간마다 그동안 무심히 지나쳤던 작은 움직임이 새롭게 느껴졌고, 그 감각이 나를 지금, 이 순간으로 잡아끌었다.

교관은 조용히 말을 이어갔다. "발바닥이 닿는 감각에 집중하는 것이 마음의 평화를 가져오는 중요한 방법입니다. 매 순간을 알아차리는 것이 당신을 중심에 서 있게 할 거예요. 작은 움직임 하나하나가 당신의 내면을 안정시키는 힘이 됩니다."

나는 그 말을 곱씹으며 발바닥에 주의를 기울였다. 걸음걸이 하나만으로도 이렇게 내면이 차분해질 수 있다는 사실이 신기했다. '용기 강화'라는 단어가 더 이상 추상적으로 느껴지지 않았다. 이 작은 연습이 나에게 평온함을 가져다주고 있었다.

마음 챙김 훈련 : 발바닥이 닿는 곳에 주의를 두기

0. 편안한 장소에서 긴장이 풀리는 자세로 서보세요.

1. 발바닥 감각에 집중하기

발바닥이 닿는 곳에 주의를 기울여, 바닥과의 접촉감을 인식합니다. 발뒤꿈치, 발 앞부분, 발가락 등이 어떻게 바닥에 닿아 있는지, 어느 쪽에 무게가 실려 있는지 느껴보세요.

2. 균형 감각 알아차리기

몸이 좌우로 기울어져 있거나, 한쪽 발에 더 많은 무게가 실렸는지 관찰합니다. 발바닥에 가해지는 압력을 균등하게 분배하려는 의식적인 노력을 해보세요.

3. 바닥과 나의 연결감 느끼기

발바닥이 바닥과 연결된 느낌을 깊이 느끼며, 자신이 땅에 안정적으로 서 있는지 확인합니다. 이 과정을 통해 몸과 공간의 관계를 더욱 명확히 인식합니다.

4. 천천히 걸으면서 주의력 연습

천천히 걸을 때, 한 발에는 '0', 다른 발에는 '1'이라는 숫자를 붙여보세요. 예를 들어 왼쪽 발을 내디딜 때 '0', 오른쪽 발을 내디딜 때 '1'이라고 마음속으로 이름 붙여봅니다. 걸음의 사이클을 0과 1로 알아차리는 지속적 주의력 연습을 합니다.

5. 호흡과 함께 주의력 확장

발바닥에 주의를 집중한 상태에서, 호흡에도 신경을 써보세요. 들숨과 날숨이 몸에서 어떻게 느껴지는지, 발바닥을 통해 땅에 연결된 느낌과 함께 느껴보세요.

'이 정도면 혼자서도 충분히 연습할 수 있겠어.'

앞으로 혼자서도 이 훈련을 지속할 수 있다는 자신감이 생겼다. 일상에서 발바닥에 주의를 두며 걷는 것만으로, 마음의 균형을 계속 유지할 수 있을 것 같았다. 내 안에 잠재된 용기가 조금씩 업그레이드되고 있었다.

용기백배훈련소

☽ 불안할 때, 우울할 때 용기 회복

"그런데 제가 이곳에 온 이유는 자꾸 불안한 마음이 들어서 예요."

나는 솔직하게 내 고민을 털어놓았다.

"지금, 이 용기 강화실에선 교관님과 함께 있으니, 자신감이 생기고, 앞으로 나아갈 수 있을 것 같아요. 그런데 혼자 돌아가는 순간부터 내가 잘하고 있는지 의심이 들고, 그럴 때마다 불안한 마음이 점점 커집니다. 이런 상황에선 어떻게 해야 할까요?"

교관은 잠시 생각하더니 온화한 표정으로 답했다.

"두려움은 아주 자연스러운 감정입니다. 우리가 새로운 걸 시도하거나 앞으로 나아가려 할 때마다 그 두려움은 항상 따라오게 마련이죠. 중요한 건 그 감정을 없애려 애쓰는 게 아니라, 어떻게 다루고 함께할 수 있을지를 배우는 것입니다."

나는 고개를 끄덕이며 그의 말을 받아들였다. 교관은 내 눈을 보며 설명을 이어갔다.

"지금 이곳에서 자신감이 생겼다가도, 혼자 남으면 불안이 몰려오는 건 아주 흔한 일이에요. 우선 그 불안을 억누르지 말고 인정하세요. '아, 내가 지금 불안해하고 있구나'라고 인식하는 것부터 시작해야 합니다."

교관은 구체적인 방법도 제시했다.

"혼자 있을 때 불안이 몰려오면, 먼저 호흡에 집중해 보세요. 박스 호흡처럼 이미 익숙한 호흡법을 사용해, 그 불안한 생각들이 스쳐 지나가게 놔두는 거예요. 물결이 흘러가듯 생각들이 떠오르도록 두고, 억누르지 않는 겁니다."

　"그리고 그 순간에 작은 목표를 세워보세요. 아주 사소한 일이라도 괜찮습니다. '내가 할 수 있다'는 생각을 가지고 하나씩 실천하는 거예요. 작은 성공이 쌓이다 보면, 불안이 점점 줄어들고 자신감이 다시 자라날 겁니다."

　교관의 말이 점점 마음에 와닿았다. 작은 성공을 쌓아가라는 그 조언이 나에게 용기를 북돋아 주는 것 같았다.

　"혼자 연습하는 것이 익숙해지지 않았을 때는, 잠시 멈추고 교관이나 동료들과 함께 했던 순간을 떠올려 보세요. 불안은 나쁜 게 아닙니다. 그 감정을 받아들이고, 어떻게 대응할지를 배우는 것이 중요하죠. 불안도 결국 당신을 성장시키는 과정의 일부일 수 있어요."

　교관의 말을 들으니, 마음이 한결 가벼워졌다. 이제 혼자서도 충분히 연습을 이어갈 수 있을 것 같았다. 불안해도 괜찮다는 생각이 들면서, 그동안 너무 불안을 피하려고만 했다는 걸 깨달았다.

　교관은 잠시 미소를 짓더니 내게 물었다.

　"요즘 잠은 잘 자고 있나요? 불안이 클 때는 수면의 질이 떨어

마음 챙김 훈련 : 벌소리 호흡

0. 잠자리에 들 준비를 하고, 편안한 장소에서 긴장이 풀리는 자세로 앉거나 눕습니다.
1. 혀와 입술의 긴장을 풀어줍니다.
2. 날숨에 목구멍에서 벌이 윙윙거리는 것처럼 '음~~~' 하는 소리를 냅니다.
3. 자연스러운 들숨이 따라오도록 합니다. 약 10분 정도 연습해 보세요.
4. 다음 날 아침, 수면의 질을 확인하고, 몸과 마음의 상태를 관찰해 보세요.

지기도 합니다. 충분히 회복하고 재충전하는 것이 무엇보다 중요합니다. 잠이 오지 않을 땐, 잠들기 전 벌소리 호흡법을 시도해 보면 도움이 될 거예요."

"교관님, 저… 한 가지 더 여쭤봐도 될까요?"

나는 잠시 머뭇거리며 조심스럽게 말을 꺼냈다.

"최근에 여자친구가 생겼는데요…. 이 친구가 자주 우울하다고 해요. 제가 뭔가 도움을 줄 수 있는 방법이 있을까요?"

교관은 살짝 미소를 지으며 고개를 끄덕였다. "물론입니다." 그는 부드럽게 말했다.

"먼저 기억해야 할 것은, 당신이 여자친구의 감정을 해결해 줄 필요는 없다는 점이에요. 가장 중요한 건, 그녀가 자신의 감정을 표현할 수 있도록 안전하고 따뜻한 공간을 제공해 주는 것이죠. 그녀가 당신에게 우울하다는 말을 한 것은, 당신이 그녀에게 안전한 사람으로 느껴졌다는 뜻일 겁니다."

그 말을 듣자 나는 안도감이 들었다. 내가 무언가를 해결해야 한다는 부담에서 조금은 자유로워진 기분이었다. 교관은 이어서 설명을 덧붙였다.

"많은 경우, 우리는 상대방이 힘들어할 때 곧바로 해결책을 제시하려고 하죠. 하지만 우울함을 겪는 사람에게는 그저 들어주는 것만으로도 큰 힘이 될 수 있어요. 이야기를 들으면서, '너도 그런 감정을 느끼고 있구나' 하고 공감해 주는 것이 첫 번째 단계입니다."

나는 고개를 끄덕이며 그의 말을 깊이 받아들였다. 여자친구의 이야기를 들으면서 어떻게 함께할 수 있을지 조금씩 감이 잡히기 시작했다.

"그리고," 교관은 덧붙였다. "우울함을 이야기할 때는 '괜찮아'라고 말하기보다는 그녀의 감정을 인정해 주는 것이 더 중요합니다. 그녀가 그런 감정을 느끼는 게 당연하다고 생각하고, 그걸 받아들이는 태도를 보여주세요. 그저 곁에 있어 주는 것만으로도 큰 위로가 될 수 있다는 걸 기억하세요."

나는 이 말이 특히 마음에 와닿았다. 여자친구와 더 많은 시간을 보내고 그저 곁에 있어 주는 것만으로도 충분히 도움이 될 수 있다는 생각이 들었다.

"또한, 작은 활동을 함께하는 것도 도움이 될 수 있어요. 예를 들어 산책을 하거나, 그녀가 좋아하는 작은 취미 활동을 함께하는 것도 좋습니다. 우울함 속에서 벗어나는 데는 작은 변화들이 큰 역할을 할 수 있으니까요."

교관의 설명을 들으며 나는 여자친구에게 어떤 작은 활동들을 함께 제안할 수 있을지 생각해 봤다.

그때, 교관은 불안과 우울에 대해서도 더 자세히 설명해 주었다.

"불안과 두려움은 우리가 새로운 상황에 직면하거나, 자신이 부족하다고 느낄 때 흔히 느끼는 감정이에요. 하지만 중요한 건 그 감정을 없애려는 것이 아니라, 그 감정을 어떻게 다루고 함께 살아갈지 배우는 겁니다."

불안 속에서 용기를 찾는 첫 번째 단계는, 그 감정을 있는 그대로 알아차리고 받아들이는 것이었다. 이는 용기 강화 프로그램의 핵심이기도 했다. 교관은 불안은 성장의 과정에서 자연스러운 감정이며, 이를 극복하려면 작은 실천부터 시작하는 것이 중요하다고 강조했다. 예를 들어, 사소한 일이라도 차근차근 해내면서 '나는 할 수 있다'라는 확신을 쌓아가면 불안이 점차 줄어들 것이라고 했다.

한편, 우울함에서 벗어나려면 조금 다른 접근이 필요하다고 했다. 우울은 깊이 고립된 감정에서 비롯되며, 그 안에서 무기력함을 느낄 수 있다고 했다. 이때 필요한 것은 자기 자신에 대한 친절함과 인내였다. 우울할 때는 정말 사소한 것에서부터 에너지를 되찾아 가는 과정이 필요하다고 설명했다. 그러면서 교관은 여자친구에게 도움이 될 수 있는 바닷소리 호흡법을 알려주었다.

마음 챙김 훈련 : 바닷소리 호흡

0. 편안한 장소에서 긴장이 풀리는 자세로 앉거나 눕습니다.
1. 호흡 준비하기
   코로 천천히 내쉬며 몸의 긴장을 풀어줍니다.
2. 날숨에 흐~~~ 소리를 내면서, 양쪽 폐가 균등하게 비워지는지 관찰하세요.
3. 들숨에 스~~~ 소리를 내면서, 양쪽 폐가 균등하게 채워지는지 관찰하세요.
4. 몸과 마음의 변화를 느껴보세요.
   5분 정도 연습하고 날숨으로 마무리합니다.
   자연스럽게 호흡을 하며 몸과 마음에 어떤 변화가 일어나는지 관찰합니다.

함께 호흡법을 연습해 본 나는, 이 방법이 우울해하는 여자 친구에게도 분명히 도움이 될 수 있겠다는 확신이 들었다. 그녀에게 이 '바닷소리 호흡법'을 알려주면, 우울함 속에서 조금이라도 벗어날 수 있는 도움이 될 거라는 기대가 생겼다.

그 생각에 뿌듯한 마음이 들었고, 내가 그녀에게 조금이나마 힘이 되어줄 수 있다는 사실에 고마움마저 느꼈다. 그녀가 미소를 지을 수 있을 거라는 생각에, 내 마음도 따뜻해졌다.

"큰일이 일어나거나 특별한 변화가 없는데도, 가끔 이유 없이 기운이 빠지고 무기력함을 느낄 때가 있죠. '체력이 떨어진 걸까?' 하는 걱정이 들기도 하고요. 그런 기분이 들 땐 바닷소리 호흡을 한 번 해보세요."

나는 고개를 끄덕이며 교관의 말을 귀 기울여 들었다.

교관은 이어 설명했다. "이 호흡법을 끝내고 나면, 그런 걱정들이 조금 덜해지고, 컨디션도 나아진 기분이 들 수 있어요. 마음의 상태에 따라 많은 것이 달라질 수 있다는 것을 느낄 수 있을 겁니다."

'호흡법 하나로도 내 몸과 마음을 회복시킬 수 있겠구나!'라는 생각이 들자, 나라는 존재 자체가 엄청나게 강해진 느낌을 받았다. 작은 마음가짐의 변화가 얼마나 큰 차이를 만들어낼 수 있는지를 체감할 수 있는 특별한 훈련이었다.

☾ 특수 상황에서의 용기: 중독 문제 해결을 위한 용기 강화 프로그램

교관에게 특별한 강의 요청이 들어왔다. 주제는 '중독 문제 해결을 위한 용기 강화 프로그램'이었다. 의뢰자는 중독을 겪는 사람들을 돕는 과정에서 이 프로그램이 어떤 역할을 할 수 있을지 궁금하다고 물었다.

교관은 잠시 고민했다. 중독은 단순히 나쁜 습관의 문제가 아니었다. 그것은 깊은 두려움과 그로부터의 도피에서 시작되며, 중독을 해결하려면 그 두려움을 정면으로 마주해야 한다는 것을 알고 있었다. 중독을 극복하는 데 가장 중요한 요소는 바로 용기였다.

"그래, 용기는 중독 극복의 핵심이 될 수 있어." 교관은 확신했다. 그는 중독 문제를 해결하는 과정에서 용기 강화 프로그램이 강력한 도구가 될 수 있다는 결론에 도달했다. 기존의 3단계 용기 강화 프로그램을 중독 문제에 맞게 더 짧고 실질적인 버전으로 재구성하기로 결심했다.

"이 프로그램을 통해 참가자들이 자신의 두려움을 인정하고, 관계를 재정립하며, 새로운 비전을 세우는 방법을 배울 수 있을 거야."

그는 중독을 극복하는 데 필요한 용기를 강화할 수 있는 프로그램이, 참가자들에게 큰 도움이 될 것이라는 기대감을 가졌다.

1단계: 중독의 원인인 두려움과 직면하기

교관은 중독의 본질을 다시 한번 정리해 보았다.

"중독은 현실을 외면하려는 두려움에서 비롯된다. 사람들은 중독을 통해 불안과 고통을 잠시 피하고 싶어 하는 것이다."

하지만 중독에서 벗어나기 위해 가장 먼저 해야 할 일은 자신의 두려움과 마주하는 것이었다. 이 과정은 절대 쉽지 않지만, 두려움을 외면하지 않고 정면으로 바라볼 용기가 필요했다.

"두려움을 없애려 하지 말고, 그 두려움과 공존하는 법을 배워야 합니다." 교관은 첫 번째 단계에서 참가자들이 자신의 중독을 솔직하게 인정하고, 그 과정에서 느끼는 두려움을 직면하는 경험을 하도록 만들었다.

"두려움을 외면하는 대신, 그 두려움이 자신을 지배하지 않도록 하는 것이 중요합니다." 교관은 참가자들에게 '작은 두려움'을 찾아 극복해 보는 실습을 제안했다.

"일상 속에서 작은 두려움을 인식하고, 그것을 극복하는 작은 실천부터 시작하세요. 작은 두려움을 인정하고, 그것을 넘어서려는 용기를 반복적으로 경험하는 것이 중요합니다."

이 실습을 통해 참가자들은 두려움을 직면하고 이겨내는 과정을 반복하며, 중독 문제를 해결할 수 있다는 구체적인 희망을 품기 시작했다.

2단계: 관계 재정립과 지지망 형성하기

중독은 고립과 외로움 속에서 더 깊어지는 경향이 있다.

"중독에 빠지면 사람들과의 관계가 단절되고, 고립감은 중독을 더 악화시킵니다," 교관은 설명했다. 그는 건강한 관계를 회복하는 것이 중독 극복의 중요한 과정이라고 강조했다.

"혼자서 중독과 싸우기보다, 주위의 지지를 받으며 관계를 다시 맺는 것이 필요합니다."

이 단계에서는 참가자들이 지지자와의 관계를 회복하고, 스스로 지지망을 구축하는 데 집중했다.

"중독을 이겨내는 데는 혼자가 아니라, 다른 사람들의 도움이 필수적입니다," 교관은 말하며, 참가자들에게 '지지자 맵'을 그리게 했다.

"주변에서 당신을 도울 수 있는 사람들을 시각적으로 파악하고, 그들과의 관계를 어떻게 강화할지 생각해 보세요. 중요한 건, 지지를 받을 수 있는 사람과 다시 연결되는 것입니다."

참가자들은 가족, 친구, 동료 중에서 자신을 지지할 사람을 찾고, 그 관계를 어떻게 재구성할지 논의했다. 이 과정을 통해 참가자들은 혼자가 아닌 함께 중독 문제를 이겨낼 가능성을 발견하기 시작했다.

3단계: 지속적인 성장과 비전 설정

중독에서 벗어난 후에도 꾸준한 성장이 필요하다. 단순히 중독을 끊는 것만으로는 충분하지 않다.

"중독을 극복한 후의 삶을 그려보고, 지속해서 성장할 수 있는 비전을 설정하는 것이 중요합니다," 교관은 참가자들에게 말했다.

교관은 참가자들이 중독 이후의 삶을 설계할 수 있도록 도왔다.

"이 단계는 중독을 이겨낸 후, 그 비전을 구체적으로 실현하는 과정입니다."

교관은 참가자들이 자기 삶에 작은 비전을 세우고, 그 비전을 향해 나아가는 구체적인 계획을 세우는 과정을 안내했다.

"이 목표들은 중독에서 벗어난 후에도 계속해서 성장할 수 있는 원동력이 될 것입니다."

참가자들은 '작은 비전 세우기' 실습으로, 중독을 극복한 후 이루고 싶은 작은 목표를 설정하고, 그 목표를 향해 나아가는 구체적인 계획을 세웠다.

"비전은 크지 않아도 됩니다. 하지만 그것을 구체적으로 세

위 실천해 나가는 과정에서, 당신은 더 큰 용기를 얻을 것입니다." 교관은 참가자들에게 강조했다.

교관은 이 3단계 프로그램이 중독을 극복하려는 사람들에게 강력한 도구가 될 것이라는 확신을 가졌다.

"작은 용기의 반복적인 실천이 중독 문제를 해결하는 데 큰 도움이 될 것입니다." 교관은 말했다.

참가자들이 두려움을 직면하고, 관계를 다시 맺으며, 비전을 설정하는 과정을 통해 중독에서 벗어난 후에도 지속적인 성장을 이어갈 수 있을 것이라는 자신감이 교관의 마음을 가득 채웠다.

◗ 특수 상황에서의 용기: 한국군을 위한 용기 강화 프로그램

교관은 어느 날 한국군을 대상으로 특화된 용기 강화 프로그램 설계해 달라는 요청을 받았다. 그는 카이스트 휴학생들을 대상으로 군 강좌 명상 수업을 진행한 경험을 바탕으로, 군 환경에 맞춘 프로그램을 구상하기 시작했다.

"한국군에 맞는 특별한 프로그램이 필요하다."는 생각에 교관은 강한 책임감을 느끼며 프로그램 설계 작업에 착수했다.

카이스트 군 강좌는 군인들 사이에서 꽤 인기가 많았다. 사지방(사이버지식정보방)에서 편하게 온라인으로 수업을 들으며 학점을 이수할 수 있다는 점이 군 복무 중인 사람들에게 큰 매력으로 다가왔기 때문이다. 게다가 이 프로그램은 군 생활에서 인간관계를 개선해 줄 뿐 아니라, 전역 후 진로 준비에도 실질적인 도움을 주고 있다는 입소문이 퍼졌다. 특히 현역 소령이 출연하는 동영상 강의는 많은 군인들에게 공감을 불러일으키며, 전역 후 사회 복귀를 위한 준비에 유익하다는 평가를 받았다.

하지만 이번 의뢰는 그보다 더 큰 목표를 요구했다. 군 복무 중 실전 임무 수행 능력을 강화하고, 전역 후에는 사회에 기여할 수 있는 용기를 기르는 포괄적인 프로그램이 필요했다. 교관은 고민에 빠졌다. "어떻게 하면 군인들이 실전에서 결단력과 팀워크를 높이면서도, 전역 후 미래를 준비하는 데 필요한 용기를 얻을 수 있을까?"

이 질문은 교관의 머릿속에 끊임없이 맴돌았다.

한국군을 위한 용기 강화 프로그램 설계

교관은 한국군이 처한 특수한 환경에 맞춘 프로그램을 설계하기 시작했다. 군인들은 언제나 대외적 긴장 상태 속에서 대비해야 하며, 빠르게 변하는 상황 속에서 신속한 판단력과 강한 정신력이 필요하다. 이러한 점을 반영해, 교관은 프로그램을 세 가지 단계로 구성했다.

"우리의 목표는 단순한 명상이나 휴식에 그치는 것이 아닙니다. 실전 임무 수행 능력을 키우고, 전역 후에는 진로 준비까지 돕는 포괄적인 훈련이죠. 군인들이 결단력과 주의력을 강화해 실전에서 잘 대응할 수 있도록 하고, 전역 후에는 사회 구성원으로서 자신감을 갖게 하는 것이 목표입니다."

교관은 이렇게 설명하며, 자신이 구상한 프로그램에 대한 강한 확신을 보였다.

1단계: 결단력과 주의력 강화

첫 번째 단계는 군인들이 실전 상황에서 결단력과 주의력을 발휘할 수 있도록 돕는 과정이었다. 교관은 이 과정에서, 군인들이 극한의 스트레스 상황에서도 신속하고 정확한 판단을 내릴 수 있는 능력을 키우는 것이 핵심이라고 설명했다.

"실전에서는 주저할 시간이 없습니다. 순간의 결단이 전투의 승패를 좌우하죠. 그래서 주의력을 유지하며 두려움 속에서도 결정을 내리는 훈련이 필수적입니다."

교관은 참가자들이 호흡 훈련을 통해 긴급한 상황에서도 주의력을 집중하고, 두려움을 다루는 능력을 배울 것이라고 덧붙였다. 이 과정은 신속한 판단과 스트레스 관리를 동시에 훈련하는 데 초점을 맞췄다.

교관은 '스트레스 상황에서의 주의력 훈련'을 제안했다. 실전과 유사한 긴장감과 스트레스를 모의 상황으로 재현하고, 호흡을 통해 마음을 안정시키면서 결정을 내리는 연습을 하게 했다.

"호흡을 통해 정신을 차분히 가다듬고, 압박 속에서도 빠르게 판단하는 연습을 하세요."라고 교관은 강조하며, 이 훈련이 군인들이 결단력과 주의력을 기를 수 있는 중요한 단계임을 설명했다.

2단계: *팀워크와 협력 정신 강화*

두 번째 단계는 팀워크와 협력 정신을 기르는 과정이었다. 교관은 이 과정에서 군인들이 팀원 간의 신뢰를 바탕으로 협력하는 법을 배우는 것이 핵심이라고 설명했다.

"군에서 팀워크는 생존과 직결됩니다. 전우와의 신뢰는 군인의 가장 강력한 무기죠."

교관은 군인들이 팀워크 없이는 그 어떤 작전도 성공할 수 없다고 강조하며, 이 단계에서 원활한 소통과 협력 방법을 배우는 것이 얼마나 중요한지 설명했다. 이 과정에서 군인들은 작전 수행 중 서로의 역할을 이해하고, 함께 목표를 달성하는 과정을 통해 전우애를 기르게 된다.

이 단계의 훈련은 '협력 미션'을 통해 진행된다. 참가자들은 각자의 역할을 파악하고, 공동 목표를 설정해 함께 이를 해결해 나가는 연습을 하게 된다.

"모든 작전은 팀워크로 이루어집니다. 여러분이 각자 맡은 역할을 명확히 이해하고, 전우들과 어떻게 협력할지를 배워 보세요."

교관의 말처럼 이 단계는 전우와 함께 목표를 달성하고 서로를 믿는 훈련으로, 군인들이 실전에서 최고의 팀워크를 발휘할 수 있게 준비시킨다.

3단계: 전역 이후 미래 진로 준비

마지막 단계는 전역 후의 삶을 준비하는 과정이다. 군 복무 중 쌓은 경험이 끝이 아니라, 그 경험을 사회에서 어떻게 활용하고 더 나은 미래를 설계할 것인지에 집중한다.

"전역 후에도 용기는 여전히 중요합니다. 군에서 배운 것들을 바탕으로, 사회에서 어떤 역할을 할지 생각해 보는 것이 필요합니다." 교관은 참가자들이 전역 후의 진로 목표를 설정하고, 그 목표를 달성하기 위한 구체적인 전략을 세울 수 있도록 도왔다.

교관은 참가자들에게 '미래 진로 맵'을 그리게 했다.

"전역 후 이루고 싶은 목표가 무엇인가요? 그 목표를 실현하기 위해 어떤 역량이 필요한지 파악하고, 그에 맞는 준비를 시작하세요."

참가자들은 전역 후의 비전을 구체화하며, 그 비전을 달성할 수 있는 현실적인 계획을 세우기 시작했다. 이 과정을 통해 각자의 고민과 두려움에서 벗어나, 미래를 향한 자신감을 키울 수 있었다.

한국군의 심리적 회복력과 개인적 성장

이 프로그램은 한국군의 실전 임무 수행 능력을 강화하는 동시에, 전역 후 미래를 준비하는 데 필요한 용기를 기르는 훈련으로, 심리적 회복력과 개인적 성장에 큰 도움을 줄 것이라는 확신이 들었다. 교관은 프로그램을 마무리하며 확신에 찬 목소리로 말했다.

"이 훈련은 군 복무 중뿐만 아니라, 전역 후에도 지속해서 여러분의 삶에 용기를 더해줄 것입니다. 여러분이 군인이자 사회의 일원으로서 성장하는 과정에서, 이 프로그램이 든든한 기초가 될 것입니다."

교관의 말은 참가자들에게 깊은 울림을 주었다. 이 프로그램은 단순한 훈련이 아니라, 군인으로서의 역량뿐만 아니라 전역 후 사회에서의 역할을 준비하는 데 중요한 발판이 될 수 있다는 점을 강조했다.

용기 백 배, 나아가는 힘

지금까지 <용기백배훈련소>에서 용기 강화 프로그램과 용기 업그레이드를 성공적으로 마친 훈련생들에게 박수를 보냅니다.

　용기로 충만해진다는 것은 단순히 두려움을 극복하는 것이 아닙니다. 오히려 두려움이 존재함을 인정하고, 그 두려움과 함께 앞으로 나아가는 힘을 기르는 과정입니다. 진정한 용기는 두려움을 없애는 것이 아니라, 그 감정을 이해하고 수용하면서도 계속해서 앞으로 나아가는 에너지를 충전하는 것입니다.

　두려움은 언제나 우리의 길을 가로막는 장애물처럼 느껴질 수 있습니다. 하지만 용기백배훈련소에서는 두려움을 극복하기 위한 싸움보다는, 두려움을 친구처럼 받아들이고 그와 함께 목표를 향해 나아가는 힘을 기르는 법을 배웠습니다. 두려움이 존재함에도 불구하고 한 걸음 한 걸음 내딛는 것이야말로 진정한 용기의 힘입니다.

◖◗ 교관의 당부: 미래를 위한 준비와 도전

　마지막으로, 수료한 선배들의 경험을 바탕으로, 여러분의 미래를 위한 준비와 도전에 대해 이야기하고자 합니다. 선배들이 강조하는 중요한 요소 중 하나는 주의력입니다. 주의력은 단순한 집중이 아니라, 현재 상황을 명확하게 인식하고 자신이 해야 할 일에 깊이 몰입하는 능력입니다. 여러분이 일상에서 주의력을 연습하고 작은 변화를 꾸준히 실천할 때, 그 주의력이 앞으로의 도전에 있어 큰 자산이 될 것입니다.

　또한, 자기 친절과 셀프 컴패션의 중요성도 선배들이 자주 언급합니다. 우리는 모두 때로 실수하거나 어려움을 겪을 수 있습니다. 그럴 때 자신을 비판하는 대신, 자기 자신에게 친절을 베풀고 그 실수와 부족함을 따뜻하게 감싸 안는 것이 회복의 중요한 도구가 됩니다. 남에게만 친절한 것이 아니라, 자신에게도 친절을 베푸는 것이야말로 진정한 용기의 또 다른 형태입니다.

　비전은 고정된 것이 아닙니다. 선배들은 비전을 설정하고, 그 비전이 상황에 따라 변화하고 성장할 수 있도록 열린 마음을 가지라고 조언합니다. 비전은 충전하고 사용하는 배터리와 같으며, 여러분의 두려움과 용기도 지속해서 관리하고 충전해 나가야 할 것입니다. 때로는 용기가 부족해질 수 있지만, 그때

마다 새로운 목표를 세우고 자신을 다시 일으켜 세우는 과정에서 우리는 더욱 성장하게 될 것입니다.

용기를 지속적으로 강화하는 법

용기 강화 프로그램에서 자주 사용된 표현 중 '용기 근육을 강화한다'와 '두려움 힘줄을 약화시킨다'는 말이 있습니다. 이 표현들은 단순한 비유가 아니라, 뇌의 작동 원리와 깊이 연결되어 있습니다. 뇌는 '가소성'이라는 특성이 있어, 자주 사용하면 강해지고 사용하지 않으면 약해집니다. 우리가 용기를 계속해서 실천하고 강화할 수 있는 이유도 바로 여기에 있습니다. 작은 용기를 실천할 때마다 뇌는 그 경험을 기억하고, 더 큰 용기를 내도록 도와줍니다. 이처럼 작은 실천들이 쌓여 더 큰 도전에 대비할 힘이 생기고, 두려움은 점차 약화됩니다.

마치 알밤을 떠올려 보세요. 밤송이는 가시투성이로 우리의 발을 찌르지만, 그 안에는 단단하고 맛있는 밤이 숨겨져 있습니다. 밤톨의 두꺼운 껍질을 벗겨내야만 그 속의 진짜 알밤을 만날 수 있듯, 사람과 사람 사이에서도 가시처럼 서로를 찌르며 방어하는 겉모습을 넘어서면, 진정한 내면의 아름다움을 발견할 수 있습니다. 서로의 내면 깊숙이 숨겨진 아름다운 알밤을 발견하기 위해서는 서로에게 용기를 내어 다가가야합니다.

우리도 이제 자신 안의 진정한 아름다움을 들여다볼 용기를 내어야 합니다. 때로는 나 자신조차도 내 안에 숨겨진 알밤을 보지 못할 때가 있습니다. 그것을 보는 것이 두려울지도 모릅니다. 그러나 이제는 용기 내어 자신을 들여다보십시오. 당신 안의 알밤이 빛나며 당신을 향해 아름답게 웃고 있을지도 모릅니다.

실전에서 발휘하는 용기

지금까지 우리는 서로의 가시와 방어기제를 넘어서 진정한 내면을 발견하는 과정을 배웠습니다. 마치 단단한 껍질을 벗겨내야만 만날 수 있는 알밤처럼, 우리 안에도 감춰진 진정한 모습이 있습니다. 때로는 그것을 마주하는 것이 두렵겠지만, 이제는 그 두려움을 넘어서야 합니다.

자기 내면을 깊이 들여다볼 용기를 내십시오. 가시를 걷어내고 나면, 그 속에 숨겨진 가장 빛나는 '나'를 발견할 수 있습니다. 그리고 그 '나'는 진정한 힘을 가진 존재입니다. 이제 더는 두려움에 머물지 말고, 당신이 가진 힘을 믿고 앞으로 나아가십시오. 당신 안의 알밤은 이미 빛나고 있습니다. 그 빛을 세상에 드러낼 용기를 가지십시오. 당신이 두려움과 함께 걸을 때, 그 두려움은 더 이상 장애물이 아니라 당신의 가장 강력한 동반자가 될 것입니다.

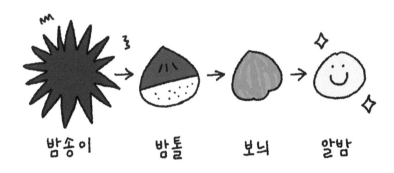

밤송이   밤톨   보늬   알밤

용기백배훈련소 참고문헌

1. 뇌과학, 신경과학, 미래 관련 도서

- 핀엘, 존 P.J. (2001). 신비한 인간 뇌 해부도 입문. 서울: 학지사.
- 카쿠, 미치오 (2012). 미래의 물리학: 과학은 인간의 일상과 운명을 어떻게 바꿀 것인가? 서울: 김영사.
- 로버트슨, 이안 (2013). 승자의 뇌: 뇌는 승리의 쾌감을 기억한다. 서울: 알에이치코리아(RHK).
- 할리, 트레버 (2024). 의식의 과학: 각성, 수면과 꿈. 서울: 형설출판사.
- 핸슨, 릭, 멘디우스, 리처드 (2010). 붓다 브레인: 행복, 사랑, 지혜를 계발하는 뇌과학. 서울: 불광출판사.
- 이케가야 유지 (2013). 뇌는 왜 내 편이 아닌가: 우리의 습관을 좌우하는 뇌 길들이기. 서울: 위즈덤하우스.

2. 명상, 마음챙김, 요가, 호흡 관련 도서

- 아헹가, B. K. S. (2009). 요가 호흡 디피카. 대구: 선요가.
- Bays, Jan Chozen MD (2019). Mindfulness on the Go. Shambhala Pocket Classic.
- 골먼, 대니얼, 데이비슨, 리처드 J. (2022). 명상하는 뇌. 서울: 김영사.
- Costa, P. (2021). Nasal Breathing in Meditation and Yoga. Independently Published.
- 카밧진, 존 (2012). 존 카밧진의 처음 만나는 마음챙김 명상. 서울: 불광출판사.
- 로젠버그, 래리, 짐머만, 로라 (2016). 호흡이 주는 선물. 서울: 나무를 심는 사람들.
- Seppala, E. M. 외 (2023). 자비과학 핸드북. 서울: 학지사.
- 티즈데일, 존 외 (2017). 8주 마음챙김(MBCT) 워크북. 서울: 불광출판사.

3. 철학, 자기계발, 심리 관련 도서

- 고미숙 (2013). 고미숙의 몸과 인문학: 동의보감의 눈으로 세상을 보다. 서울: 북드라망.
- 고울스톤, 마크 (2010). 뱀의 뇌에게 말을 걸지 마라. 서울: 타임비즈.
- 김승호, 권아리 (2017). 알면서도 알지 못하는 것들: 가장 기본적인 소망에 대하여. 서울: 스노우폭스북스.
- 김수업 (2009). 우리말은 서럽다. 서울: 나라말.
- 버튼, 조 (2022). 가지 않은 길, 마인드풀니스. 서울: 한언출판사.
- 붓다다사 (2005). 마음으로 숨쉬는 붓다. 서울: 한길(봉인사).
- 세네카, 루키우스 안나이우스 (2005). 인생이 왜 짧은가. 서울: 도서출판 숲.
- 에픽테토스 (1996). 삶의 기술. 서울: 예문.
- 이라일라 (2022). 감정에 이름을 붙여 봐. 서울: 파스텔하우스.
- 자드라, 댄 (2015). 파이브: 스탠포드는 왜 그들에게 5년 후 미래를 그리게 했는가? 서울: 앵글북스.
- 장, 지아 (2017). 거절당하기 연습. 서울: 한빛비즈.
- 요시타케 신스케 (2023). 나는 정말 어디에 있는 걸까. 서울: 주니어김영사.
- 프리랜드, 클레어, 토너, 재클린 (2019). 실수 때문에 마음이 무너지면 어떻게 하나요? 서울: 뜨인돌어린이.
- Pa-Auk Tawya Sayadaw (2019). Knowing and Seeing. Independently Published.
- 홍자성 (1996). 채근담. 서울: 현암사.
- 틱낫한 (2013). 중도란 무엇인가. 서울: 사군자.

용기백배훈련소
Courage Booster Training

초판 1쇄 인쇄 | 2024년 11월 27일
초판 1쇄 발행 | 2024년 12월 18일

지은이 김은미
펴낸곳 Echo.B

편집·기획 에코브랜드Echo Brand
북디자인 맨디디자인
일러스트 KAIST 산업디자인학과 양혜원

출판신고 2024년 09월 10일(제 000123호)
값 14,200원 | **ISBN** 979-11-989372-8-5

이메일 changegg9@gmail.com

echo_B